HECHOS

EL ESPÍRITU Y LA NOVIA

TARA-LEIGH COBBLE

HECHOS

EL ESPÍRITU Y LA NOVIA

LA SINOPSIS DE LA BIBLIA

UN ESTUDIO BÍBLICO DE 10 SEMANAS
SOBRE DIOS Y SU IGLESIA

Whitaker House Español

Todas las citas de la Escritura son tomadas de la *Nueva Biblia de las Américas*™ NBLA™ Copyright © 2005 por The Lockman Foundation.

HECHOS

El Espíritu y la Novia - Un estudio bíblico de 10 semanas sobre Dios y su iglesia

Originalmente publicado en inglés en 2025 bajo el título
Acts, the Spirit and the Bride
A 10-week Bible Study on God and His Church
por Bethany House Publishers, una división de Baker Publishing Group,
Minneapolis, Minnesota, U.S.A.

Traducción al español por Belmonte Traductores
www.belmontetraductores.com

Edición: Henry Tejada Portales

ISBN: 979-8-88769-467-2
eBook ISBN: 979-8-88769-468-9
Impreso en los Estados Unidos de América

Whitaker House
1030 Hunt Valley Circle
New Kensington, PA 15068
www.espanolwh.com

Por favor, envíe sugerencias sobre este libro a: comentarios@whitakerhouse.com.

1 2 3 4 5 6 7 8 9 10 11 32 31 30 29 28 27 26 25

ÍNDICE

INTRODUCCIÓN

HISTORIA

El libro de Hechos fue escrito por Lucas, un compañero de Pablo. A veces conocida como Los Hechos de los Apóstoles, esta carta se puede ver como el segundo volumen del relato del evangelio de Lucas; ambos fueron dirigidos a Teófilo. Aunque el Evangelio de Lucas trataba sobre la obra y persona de Jesús, Hechos continúa donde se quedó el Evangelio para mostrar cómo la vida de Jesús y la morada del Espíritu Santo influyeron en sus seguidores.

Se cree que Lucas escribió Hechos en o en torno al año 63 d. C., y el libro abarca aproximadamente los años 29-62 d. C. Durante este marco de tiempo vemos a un puñado de creyentes convertirse en una multitud de seguidores de Cristo; somos testigos del establecimiento de la novia de Cristo: su iglesia. Es como ver una bellota crecer y convertirse en un gran roble que produce más bellotas, más árboles, más bellotas...¡hasta que se forma todo un bosque!

RECURSOS

Las páginas 15-19 contienen recursos adicionales que te servirán muy bien para este estudio. Incluyen una línea del tiempo y mapas que llenarás mientras haces tu recorrido por estas historias y viajes de la formación de la iglesia.

PERSECUCIÓN

La formación de la iglesia tuvo un precio muy alto debido a la severa persecución desde dos frentes principales. Primero estaban los mismos hombres poderosos que mataron a Jesús, los líderes religiosos judíos y los políticos locales. Los primeros creyentes eran considerados un grupo periférico de judíos radicales hasta que fueron llamados cristianos por primera vez en Hechos 11. El otro frente principal de persecución era el Imperio Romano. En el primer siglo controlaba grandes partes del mundo conocido y gobernaba con dureza sobre cualquiera que era sospechoso de subversión. A medida que estudies, toma nota de qué fuente de persecución estaba influyendo en la iglesia en cada uno de los relatos que leas.

CONTEXTO Y PROPÓSITO

Es importante entender el contexto de un pasaje bíblico antes de hacer suposiciones o aplicaciones. Al estudiar el libro de Hechos, debes estar atento a las diferencias entre lo *informativo* (descriptivo) y lo *instructivo* (prescriptivo). Los pasajes informativos son simplemente relatos de lo que ocurrió. Describen situaciones que tuvieron lugar, no mandatos o promesas para los creyentes en todos los tiempos. Por otro lado, los pasajes instructivos sirven para decir a los creyentes cómo vivir, actuar o pensar sobre algún tema o situación dada. Aunque ciertamente hay pasajes instructivos en Hechos, hay muchos más pasajes informativos.

Ejemplos de pasajes informativos son los múltiples relatos de los discípulos siendo enviados a la cárcel, cada uno con circunstancias y desenlaces únicos. Por lo tanto, si lees acerca de la liberación de Juan y Pedro de la cárcel en Hechos 4 y supones que la aplicación es que Dios siempre te liberará de la dificultad, correrás un gran peligro de caer en la decepción cuando leas acerca de Esteban en Hechos 7 y de Jacobo en Hechos 12.

EL ESPÍRITU SANTO

Como puedes ver por el subtítulo de este estudio, pasaremos mucho tiempo mirando al Espíritu Santo y el desarrollo de la iglesia. Aunque no tenemos tiempo aquí para desarrollar la doctrina de la Trinidad por completo, recuerda que el Espíritu Santo es uno de los tres miembros de la Trinidad, igual en divinidad y único en responsabilidad. Hechos narra un incidente único: la morada inicial del Espíritu en todos los creyentes. Para entender del todo la manera en que el Espíritu Santo obra en la iglesia, debemos ver toda la Escritura, no meramente esta ocasión única.

Una función principal del Espíritu Santo en Hechos es crear unidad entre un grupo diverso de creyentes. Tristemente, en el mundo de hoy, definir el rol del Espíritu a menudo es causa de desunión entre los creyentes. Si estás haciendo este estudio en grupo, debes disponerte a dejar que la unidad que proviene del Espíritu Santo tome control sobre cualquier visión particular de sus funciones. Por ejemplo, un tema con el potencial de dividir en Hechos es el bautismo del Espíritu Santo y las "lenguas" que siguieron.

LENGUAS

Hay tres perspectivas principales sobre las lenguas en Hechos 2. La primera es que el lenguaje que se oyó era distinto del lenguaje que se hablaba. Los creyentes estaban hablando en arameo pero se les escuchó en griego, egipcio, etcétera. La segunda es que los creyentes recibieron una habilidad sobrenatural para hablar en un lenguaje que no habían aprendido previamente. Por ejemplo, un pescador galileo sin educación formal que solo hablaba arameo de repente hablaba y entendía griego. La tercera perspectiva es que las lenguas son un lenguaje celestial ininteligible para los humanos. Como Hechos específicamente dice que la gente oía el evangelio en su propio idioma, está claro que esta tercera explicación no es a lo que se refiere el libro de Hechos cuando habla de las *lenguas*.

Al margen de cuál sea la perspectiva de tu congregación local acerca del bautismo del Espíritu Santo o las lenguas en el contexto actual, está claro que en Hechos era una señal de la obra del Espíritu Santo para la expansión del evangelio.

LA NOVIA DE CRISTO

En todo el Nuevo Testamento, la iglesia es conocida como la novia de Cristo. La morada del Espíritu Santo movió a unos apasionados seguidores de Jesús a poner el mundo patas arriba con un mensaje de esperanza, y a establecer la novia. Para los seguidores de Cristo, estudiar el libro de Hechos es como ver un documental sobre el establecimiento de nuestra fe vía la obra de Dios a través de hombres y mujeres que se sacrificaron para que nosotros pudiéramos conocer a Jesús.

CÓMO USAR ESTE ESTUDIO

Aunque el estudio bíblico es vital para el caminar cristiano, una vida espiritual completa proviene de participar también en las demás disciplinas espirituales. Este estudio está diseñado no solo para equiparte con un mayor conocimiento y profundidad teológicos, sino también para ayudarte a involucrar otras prácticas formativas que crearán una relación con Jesús más completa y satisfactoria. ¡Queremos verte prosperar en cada área de tu vida con Dios!

CONTENIDO Y PREGUNTAS

En cada una de las diez semanas de este estudio, la enseñanza y las preguntas están divididas en seis días, pero siéntete libre para hacerlo todo a la vez si es mejor para tus horarios. Si decides terminar el estudio de cada semana de una sola vez (especialmente si lo haces después en la semana de estudio), recuerda que hay aspectos que será bueno que tengas en mente cada día: la lectura bíblica diaria, la memorización de versículos y el reto semanal. Esto es mejor hacerlo durante toda la semana.

Lectura bíblica diaria

La lectura bíblica diaria se corresponde con nuestro estudio. Te tomará una media de tres minutos por día solamente leer (no estudiar) el texto. Si aprendes mejor de forma auditiva, tal vez prefieras escuchar una versión en audio de estos capítulos bíblicos.

Aunque decidas ver el contenido y las preguntas de la semana en un solo día, te animamos a que la lectura bíblica sea una parte de tu ritmo diario. Establecer el hábito de leer la Palabra cada día te ayudará a fortalecer tu fe y crear una mayor conexión con Dios.

Si decides repartir el estudio entre los seis días indicados para cada semana, tu lectura bíblica diaria se alineará con tu estudio. Los Días 1–5 seguirán nuestro estudio de Hechos, el Día 6 presenta un salmo que se corresponde con nuestra lectura, y el Día 7 sirve para que te pongas al día en caso que te hayas demorado.

MEMORIZACIÓN DE VERSÍCULOS

¡Memorizar versículos no es un trabajo inútil! Es una parte importante de guardar la Palabra de Dios en nuestro corazón (Salmos 119:11). Nuestro pasaje a memorizar, Hechos 10:34-45, se enfoca en la importancia de compartir el evangelio con todas las personas. Te animamos a practicarlo de forma acumulativa; es decir, *añadir* a lo que estás practicando cada semana en lugar de *reemplazarlo*. Citamos varias versiones en nuestros recursos, así que siéntete libre de memorizarlos en la versión que prefieras. Te sugerimos que trabajes en el versículo o versículos de cada semana a lo largo de la semana, no solo en el último minuto. Hemos incluido algunas herramientas gratuitas para ayudarte con esto, incluyendo una canción semanal, en MyDGroup.org/Resources/Acts. Estas herramientas las encontrarás en inglés.

RETO SEMANAL

Esta es nuestra respuesta práctica a lo que hemos aprendido cada semana. Queremos ser "hacedores de la palabra, y no solamente oidores" (Santiago 1:22). Encontrarás varios retos y te animamos a responder a todos, ¡especialmente a aquellos que te parezcan *más* difíciles! Esto te ayudará a fortalecer tus músculos espirituales y animarte en tu fe. Como ocurre con el versículo para memorizar, será bueno que comiences esta práctica al inicio de la semana, en especial porque algunos retos semanales incluyen cosas que hacer cada día de la semana (por ej., oraciones, escribir en un diario, etc.).

RECURSOS

Este es un estudio con gran énfasis en las Escrituras, y te verás buscando pasajes a menudo. Si eres nuevo estudiándola, ¡esta será una buena manera de indagar y afinar tus habilidades! Te sentirás más equipado y menos intimidado a medida que avances por cada capítulo. Algunas preguntas te pedirán que consultes un diccionario bíblico, comentario o diccionario de griego o hebreo, pero no tienes que comprar estas herramientas. Hay muchas opciones gratuitas disponibles en el internet. Hemos incluido vínculos a algunas de nuestras herramientas favoritas, además de recursos adicionales como podcasts, artículos y apps, en MyDGrop.org/Resources/Acts. Este material lo encontrarás en inglés.

GRUPOS

Como cada semana tiene muchas preguntas en el contenido, ofrecemos la siguiente recomendación para los que planifican hacer el estudio en una reunión de grupo semanal. A medida que cada miembro hace su trabajo en casa, sugerimos que marquen sus cosas favoritas con una estrella y que marquen las cosas confusas con un signo de interrogación. Esto servirá como preparación para la discusión en grupo y ayudará a dirigir la conversación de maneras beneficiosas. Líderes de grupo, por favor tomen nota de las indicaciones marcadas con estrellas en cada capítulo; las hemos destacado para ustedes como temas que podrían considerar útiles para priorizar en las discusiones de grupo.

RECURSOS PARA TODO EL LIBRO

MAPAS

Mapa del viaje uno

Hechos 13:4-14:28

Primer viaje misionero de Pablo

Mapa del viaje dos

Hechos 15:39-18:22

Segundo viaje misionero de Pablo

Mapa del viaje tres
Hechos 18:22–21:17

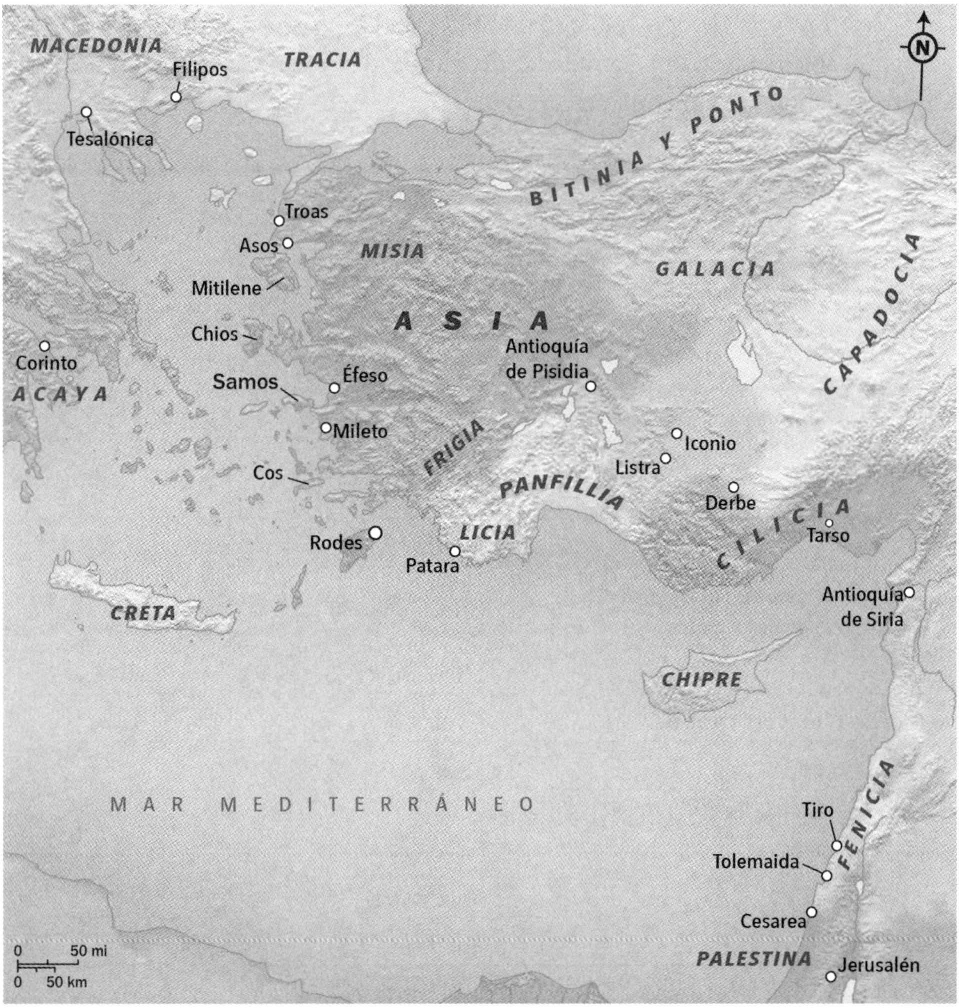

Tercer viaje misionero de Pablo

LÍNEA DE TIEMPO DE LA IGLESIA PRIMITIVA

A medida que estudies el libro de los Hechos, irás llenando también esta línea del tiempo.* En algún momento quizá te preguntes: *Si Jesús tenía unos treinta años cuando comenzó su ministerio y treinta y tres cuando murió, entonces ¿estos años no deberían ser después?* A pesar de lo que nuestro calendario global nos lleva a creer, Jesús probablemente nació entre los años 6 y 4 a. C. cuando Herodes era rey de Judea (Mateo 2:1), cuando Cirenio era gobernador de Siria (Lucas 2:2), y cuando César Augusto decretó realizar un censo (Lucas 2:1). El calendario gregoriano, que la iglesia católica instituyó en octubre de 1582, fechó erróneamente el año del nacimiento de Cristo. Esta línea de tiempo comienza después de la resurrección de Jesús, que probablemente ocurrió alrededor del año 29 d. C. Las fechas de esta línea del tiempo son aproximadas.

Evento	Cita	Año aproximado (d. C.)
	Hechos 2:1-13	
	Hechos 2:40-47	
	Hechos 4:1-22; 5:21-42; 7:1-60	
Primer resumen actualizado del crecimiento de la iglesia		35
	Hechos 8:4-13	
	Hechos 9:1-9	
Segundo resumen actualizado del crecimiento de la iglesia		36
	Hechos 10:1-48	40
Se escribe el Evangelio de Mateo	Mateo	43
Se escribe Santiago	Santiago	45
Tercer resumen actualizado del crecimiento de la iglesia		46
	Hechos13:4–14:28	
	Hechos 15:6-35	
	Hechos 15:39–18:22	
Cuarto resumen actualizado del crecimiento de la iglesia		52

Evento	Cita	Año aproximado (d. C.)
Se escribe 1 Tesalonicenses	1 Tesalonicenses	52
Se escribe 2 Tesalonicenses	2 Tesalonicenses	53
	Hechos 18:23-21:17	54
Quinto resumen actualizado del crecimiento de la iglesia		55
Se escribe 1 Corintios	1 Corintios	57
Se escribe Gálatas	Gálatas	57
Se escribe 2 Corintios	2 Corintios	58
Se escribe Romanos	Romanos	58
	Hechos 21:26-22:29	
	Hechos 23:23-26:32	
Se escribe el Evangelio de Lucas	Lucas	59
	Hechos 27:1-2	
	Hechos 28:11-16a	
Resumen final actualizado del crecimiento de la iglesia		62
Se escribe Efesios	Efesios	62
Se escribe Filipenses	Filipenses	62
Se escribe Colosenses	Colosenses	62
Se escribe Filemón	Filemón	62
Se escribe 1 Pedro	1 Pedro	63
	Hechos	63
Se escribe el Evangelio de Marcos	Marcos	64
Se escribe el Evangelio de Juan	Juan	85

* La tabla de la cronología de Hechos y las Epístolas se obtuvo de Blue Letter Bible y se adaptó para incluir información adicional. En las páginas siguientes, el símbolo † indica dónde hemos sustituido fechas de Blue Letter Bible con fechas basadas en nuestro propio estudio de la historia bíblica.

VERSÍCULO PARA MEMORIZAR

Entonces Pedro tomó la palabra, y dijo: Ciertamente ahora entiendo que Dios no hace acepción de personas, sino que en toda nación el que le teme y hace lo justo, le es acepto.
Hechos 10:34-35

SEMANA 1

Hechos 1-3

Año aproximado: 29 d. C. †

Nota: Si aún no has leído "Cómo usar este estudio" en las páginas 11-13, por favor hazlo antes de continuar. Tendrás un marco adecuado y herramientas útiles.

LECTURA BÍBLICA DIARIA

Día 1: Hechos 1:1-11

Día 2: Hechos 1:12-26

Día 3: Hechos 2:1-13

Día 4: Hechos 2:14-47

Día 5: Hechos 3

Día 6: Salmos 133

Día 7: Para ponerte al día

Corresponde al día 320 de *La sinopsis de la Biblia*

RETO SEMANAL

Ver la página 44 para más información.

DÍA 1

HECHOS 1:1-11

LEE HECHOS 1:1-11

Repasa 1:1-3

Teófilo significa "amante de Dios", así que aunque puede que Lucas escribiera Hechos con una persona específica en mente, algunos teólogos creen que su audiencia deseada era más amplia, quizá incluso todos los creyentes. Aunque Lucas no se diera cuenta de que nos estaba escribiendo *a* nosotros, Dios le inspiró para escribir *para* nosotros. Hace unos dos mil años, Lucas narró este relato detallado del descenso del Espíritu Santo y el nacimiento de la iglesia. Milenios después, Hechos todavía sirve para guiar y animar a la iglesia.

1. Cerca del final de tu línea del tiempo (página 19), anota que Lucas escribió el libro de Hechos aproximadamente en el año 63 d. C.

Antes de indagar más en el segundo volumen de Lucas, recordemos cómo terminó el primer volumen (y si te estás preguntando qué significa esto, acabamos de descubrir que te has saltado la introducción. Haz una pausa y léela ahora).

2. **Lee Lucas 24:45-53.** ¿Cómo terminó el volumen uno?

Lucas comenzó Hechos después de la resurrección, pero antes de la ascensión. Durante cuarenta días después de la resurrección de Jesús, Él estuvo con sus discípulos y los preparó para ser sus testigos. Habló específicamente sobre el reino de Dios, el cual Él mismo había introducido y que vendrá en su plenitud cuando Él regrese.

3. **Repasa 1:4-5.** ¿Qué dijo Jesús a los discípulos que esperaran en Jerusalén? (tranquilo, estudiaremos más todo esto en los próximos días).

4. **Repasa 1:6-8.** ¿Qué le pidieron los discípulos a Jesús que hiciera en 1:6?

A lo largo de la historia de Israel, el pueblo de Dios había esperado a un Mesías que sería un poderoso líder militar, el cual les daría la victoria sobre sus opresores. Los discípulos de Jesús pusieron voz a lo que muchos de sus primeros seguidores judíos habrían creído de Él: que vino a salvarlos del gobierno con puño de hierro del Imperio Romano. Y aunque Jesús podría haber derrocado cualquier reino del mundo con una sola palabra, Él vino para hacer mucho más que eso.

Jesús no reprendió a sus discípulos por su deseo; la restauración de Israel era, y es, un buen deseo. El deseo de los discípulos no estaba equivocado; *pero era demasiado pequeño.* Los planes de Dios eran, y son, mucho más grandes que derrotar al Imperio Romano.

Todos hemos querido alguna vez algo bueno que Dios no nos ha dado. Cuando Dios dice no, puede que te bendiga con un entendimiento del porqué esa fue su respuesta mejor y más amable. O tal vez nunca conozcas la razón a este lado de la eternidad. Cada vez que Dios dice que no, especialmente a un buen deseo, es para su gloria y nuestro bien. Y con ese no, tenemos la oportunidad de crecer en nuestra fe.

★ 5. Si tienes un buen deseo que aún no se ha cumplido, escribe una oración para rendirlo a la voluntad de Dios. O si has visto cómo su negativa a concederte un buen deseo fue su mejor respuesta, escribe una oración de agradecimiento.*

★ 6. En 1:8, ¿qué dijo Jesús a sus discípulos que debían hacer? **Busca *testigo* en un diccionario de griego.** Cuenta cuántas veces se usa en el libro de Hechos.

Repasa 1:9.

En Lucas 24:51 está descrita brevemente la ascensión de Jesús al cielo. En Lucas 1:9 Lucas nos da más detalles sobre el evento milagroso. La ascensión nos recuerda que Jesús es plenamente Dios para siempre y plenamente hombre para siempre. Jesús tuvo, y tiene, un cuerpo físico. Y un día regresará a la tierra en su cuerpo físico, y en ese glorioso día, todas las cosas serán hechas nuevas.

* Los puntos con una estrella están específicamente diseñados para que sean de utilidad en la discusión de grupo.

7. **Repasa 1:10-11.** Después completa los espacios en blanco debajo.

> Mientras Jesús ascendía, estando ellos mirando fijamente al cielo, se les presentaron dos hombres en vestiduras blancas, que les dijeron: «Varones galileos, ¿por qué están ________ ____ ________? Este mismo Jesús, que ha sido tomado de ustedes al cielo, ________ ____ ____ ________ ________, tal como lo han visto ir al cielo».

¿Te imaginas la escena? Es muy probable que los discípulos todavía no hubieran superado la conmoción de que Jesús había resucitado de la muerte seis semanas antes. Entonces, después de pasar cuarenta días hablando sobre la llegada del reino de Dios, los discípulos veían cómo Jesús era elevado del suelo y ascendido para desaparecer de su vista en una nube. Es seguro supones que tenían sus ojos clavados en el cielo, quizá sintiendo lástima, descrédito, asombro o adoración. Entonces dos ángeles aparecieron y les preguntaron a qué estaban mirando.

Los ángeles dieron cierta seguridad a los discípulos ¡diciendo que regresaría! y luego los animaron a pasar a la acción. Los discípulos estaban listos para el regreso de Jesús, pero mientras tanto, había trabajo de hacer.

Dos mil años después, podemos leer Hechos 1:11 con la misma seguridad de que ¡Él volverá! Y con la misma convicción. Tenemos que estar listos para el regreso de Jesús, pero mientras tanto, hay trabajo que hacer.

DÍA 2

HECHOS 1:12-26

LEE HECHOS 1:12-26

Repasa 1:12-15

Usando el mapa de abajo, encuentra y marca los siguientes lugares: el monte de los Olivos, el aposento alto, el templo.

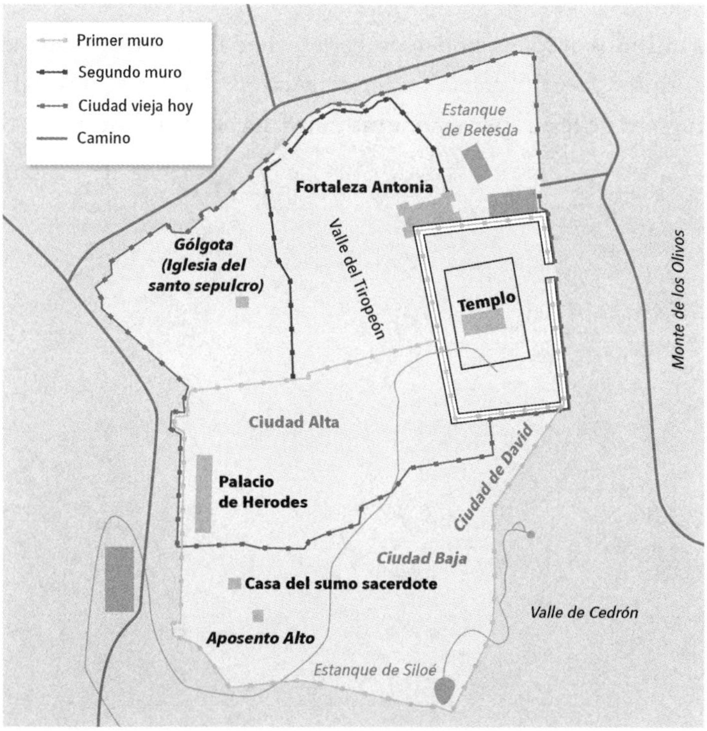

Jerusalén

Dios dio a su pueblo el día de reposo como un día para descansar, pero los líderes judíos hicieron unas reglas excesivamente estrictas en cuanto a *cómo* debían descansar. Los líderes prohibían trabajar en treinta y nueve categorías, prohibiendo cosas como cargar, escribir y atar. Y limitaban lo que se podía hacer en otras categorías; en el día de reposo, los judíos podían caminar solo un máximo de dos mil codos (un kilómetro aproximadamente). Después de la ascensión de Jesús, los discípulos regresaron a Jerusalén, que estaba a una distancia de un día de reposo del monte de los Olivos.

1. ¿Por qué los discípulos fueron a Jerusalén después de la ascensión de Jesús?

2. Según 1:15, ¿cuántos creyentes estaban reunidos en ese momento?

El Evangelio de Lucas revela que las mujeres eran vitales en el ministerio de Jesús. La mayoría de los textos escritos en el primer siglo se referían a las mujeres por su relación con los hombres: esposas o hijas. Pero Lucas también las mencionó por su papel en el reino de Dios, como discípulas y ministras del evangelio. En esta escena, Lucas no solo destacó la participación de las mujeres, sino que también mencionó a los hermanos de Jesús.

★ 3. **Lee Juan 7:5.** ¿Cómo habían cambiado los hermanos de Jesús entre el escrito de este versículo y el escrito de Lucas de Hechos?

Repasa 1:16-17.

★ 4. Según 1:16, ¿quién inspiró a David a escribir la profecía?

"Toda Escritura es inspirada por Dios" (2 Timoteo 3:16), lo cual significa que cada palabra de la Biblia no solo es inspirada, sino que también fue *dada directamente* por Dios. Dios escribió la Biblia usando las manos y las bocas de los hombres que escogió para este trabajo. Gloria a Dios por el maravilloso regalo de su Palabra que hace que tú puedas ser "perfecto, equipado para toda buena obra" (2 Timoteo 3:17).

Repasa 1:18-20.

Si estás familiarizado con el relato de Mateo sobre la muerte de Judas (Mateo 27:3-10), el relato de Lucas puede dejarte con algunas preguntas en la mente. Los dos pasajes no son contradictorios, sino piezas distintas del mismo rompecabezas. Aunque los principales sacerdotes compraron el campo, lo compraron con las monedas de plata que Judas recibió a cambio de traicionar a Jesús. Y después de que Judas se ahorcó, la rama que sostenía su cuerpo probablemente se partió, causando que su cuerpo cayera y se abriera.

Pedro destacó que estos eventos cumplían tanto Salmos 69:25 como Salmos 109:8. En la traición y muerte de Judas, tanto la voluntad del hombre como la soberanía de Dios se muestran plenamente. Judas pecó y tuvo que rendir cuentas de ello. Y todo lo que ocurrió la noche que Jesús fue traicionado ya estaba descrito en la voluntad soberana de Dios.

5. **Usa un diccionario bíblico para buscar *discípulo* y *apóstol*.** ¿Cuál es la diferencia?

Discípulo	
Apóstol	

Judas era uno de los doce discípulos originales de Jesús, y tenía que ser reemplazado para cumplir la profecía que citó Pedro. Habría doce apóstoles como un paralelismo con las doce tribus de Israel del Antiguo Testamento. Se nombrarían más apóstoles en el futuro, pero no serían contados entre los doce originales.

Repasa 1:21-22.

6. ¿Cuáles eran los dos requisitos que debían tener en cuenta a la hora de reemplazar a Judas?

-
-

Dos hombres fueron nominados para este papel: Matías y José (también conocido como Barsabás y Justo).

7. Resume su oración en 1:24-25 usando las preguntas de abajo.

- ¿Qué sabe Dios?
- ¿Quién escogió al sustituto de Judas?

El siguiente paso de los apóstoles podría parecer impactante: lo echaron a suertes. En ese entonces era una práctica común; se ponían unas piedras marcadas en una vasija y se sacudía. A veces, echar suertes se usaba como juego lucrativo, pero a veces se usaba para tomar decisiones. Dios había revelado su voluntad a su pueblo de esta manera en el pasado: cuando dividieron la tierra prometida (Josué 18:6-10) y cuando decidieron la división de los sacerdotes (1 Crónicas 24:1-5).

En la introducción a este estudio mencionamos que mucho de lo que vemos en Hechos es *descriptivo,* es decir, que ofrece información sobre cómo Dios obró en ese momento concreto, en esa situación en particular. Este es uno de esos momentos. Esta práctica no es una instrucción prescriptiva sobre cómo discernir la voluntad de Dios. A fin de cuentas, los creyentes de hoy día tienen dos cosas que los apóstoles no tenían en ese entonces: la Palabra de Dios completa y el Espíritu Santo.

Dios, que conoce los corazones de todos, había escogido a su apóstol número doce: Matías.

DÍA 3

HECHOS 2:1-13

LEE HECHOS 2:1-13

Cuando los 120 creyentes se reunieron, Lucas escribió que "todos estos estaban unánimes, entregados de continuo a la oración" (Hechos 1:14). Se describía a los creyentes por su unidad.

Cincuenta días después de la Pascua cada año, los judíos celebran Pentecostés, también llamado Shavuot. También conocido como la Fiesta de las Semanas, Pentecostés era un festival de acción de gracias por las primicias de la cosecha de trigo. Durante esta celebración anual, judíos de toda la región viajaban a Jerusalén, llevando consigo sus diversas culturas y lenguas.

Ese Pentecostés en particular sería, sin duda, una celebración, pero no del tipo que esperaban.

1. Actualiza tu línea de tiempo (página 18) para registrar que el Pentecostés en el que descendió el Espíritu Santo ocurrió en el año 29.[†]

En Génesis, Dios dio el mandato de llenar la tierra; pero algunas personas tenían otros planes. Construyeron una torre para honrarse a sí mismos en medio de una ciudad donde pensaban que todos vivirían juntos.

2. **Lee Génesis 11:6-9.** ¿Qué ocurrió como resultado de su desobediencia?

Después de esto, vivieron en varias regiones durante generaciones, hablando distintos lenguajes. Durante una fiesta como Pentecostés, no sería raro oír hablar distintos idiomas entre cada grupo que llegaba.

Repasa Hechos 2:2-4.

3. ¿Cómo describió Lucas la serie de eventos sobrenaturales que tuvieron lugar después?

Ruido como	
Llenó	
Aparecieron	
Se posaron sobre	

4. ¿Qué ocurrió cuando el Espíritu Santo llenó a los creyentes?

5. **Usa un diccionario para buscar *lenguas* (2:4).** ¿Cuál es la palabra en griego? ¿Qué significa?

En la torre de Babel, Dios dividió los idiomas de la gente y los dispersó. Con la llegada del Espíritu Santo, los unificó con otro evento único y milagroso.

Repasa 2:5-11.

★ 6. ¿Qué es cierto con respecto a las lenguas que se hablaron en Pentecostés?

A. Eran lenguajes de oración secretos dados a cada uno de los que hablaron.

B. Solo las entendieron los ángeles y los que hablaban.

C. Eran los idiomas nativos del pueblo de Dios dispersado, cada uno entendido individualmente por los visitantes de Jerusalén en sus propios idiomas.

★ 7. ¿Cuáles son los tres versículos de esta sección que apoyan tu respuesta?

Dios hizo que los creyentes pudieran ser entendidos en lenguas extranjeras, a pesar de que hablaban en su propio idioma, para que las maravillas de Dios fueran compartidas. ¿Te imaginas el asombro y la alegría absoluta que esto produjo entre los creyentes? ¡Una voz sobrenatural y unificadora, capaz de ser entendida por todos los que creían!

Vale la pena notar que no todos los presentes ese día creyeron. Algunos fueron abiertamente hostiles y se burlaron de lo que vieron. Afirmaban que quienes lo experimentaron estaban borrachos. Señales, prodigios e incluso milagros no son suficientes para convencer los corazones que Dios no ha ablandado.

Desde el principio, Dios el Padre creó a la humanidad a su imagen, para vivir en una relación correcta con Él y, por lo tanto, entre sí. A causa de nuestro pecado, rompimos esa relación. Para restaurarla, Dios el Hijo vino a vivir con su pueblo. Y para sostener y cumplir esa relación, Dios el Espíritu vino a vivir *dentro* de su pueblo. Esto es evidencia del nuevo pacto, que durará hasta el día en que Jesús regrese.

Por esta razón Jesús les dijo a sus discípulos que esperaran en Jerusalén. Esta era la promesa de Dios. Había llegado el momento de que la segunda persona de la Trinidad regresara al cielo, pero la tercera persona de la

Trinidad había venido para quedarse. Él equiparía a los creyentes con sabiduría, los capacitaría para hacer la voluntad de Dios, y los empoderaría para ministrar eficazmente. Y hasta que Jesús regrese, *el Espíritu continuará haciendo todo esto y más.*

8. Empareja los siguientes pasajes con formas de obrar del Espíritu Santo.

1 Juan 4:4	El Espíritu guía a los creyentes a la verdad.
Juan 16:8-9	El Espíritu llena a los creyentes de esperanza.
Juan 16:13	El Espíritu regenera y renueva a los creyentes.
Tito 3:5	El. Espíritu convence al mundo de pecado.
Romanos 5:5	El Espíritu vence al mundo

★ 9. ¿Cómo has visto al Espíritu Santo obrar en tu vida?

DÍA 4

HECHOS 2:14-47

LEE HECHOS 2:14-47

Después de que Pedro tranquilizara a quienes se burlaban entre la multitud asegurándoles que nadie estaba borracho a las nueve de la mañana, predicó el primero de una serie de sermones registrados en Hechos. Aunque en este estudio solo tenemos tiempo para analizar algunos puntos clave, se podrían escribir libros enteros sobre la profundidad y el significado de este sermón dado por el Espíritu. Nos enfocaremos en tres temas principales: el cumplimiento de la Escritura, la soberanía de Dios, y el llamado al arrepentimiento.

Lee Hechos 2:14-21.

¿Recuerdas los teoremas de tu clase de geometría en la secundaria? Son una forma de llegar a una conclusión usando hechos acordados para demostrar cada paso. Aquí, Pedro explicó cómo se había cumplido la profecía al recorrer sistemáticamente los textos del Antiguo Testamento, que eran profecías que estos judíos devotos aceptaban como hechos, y demostrar cómo Jesús las cumplió.

1. Empareja las siguientes citas del Antiguo Testamento con la profecía que Jesús cumplió.

Joel 2:28-32	El Señor hace de sus enemigos el estrado de sus pies
Salmos 16:8-11	Todo aquel que invoque el nombre del Señor será salvo
Salmos 110:1	El Señor me llenará de alegría con su presencia

Pedro entendía claramente la importancia de memorizar la Escritura. Probablemente no sabía cuándo o por qué necesitaría recordar las palabras de Joel, pero cuando llegó el momento, el Espíritu trajo esas palabras a su mente. Esto es algo que el Espíritu sigue haciendo hoy. ¡Memoriza la Palabra de Dios y observa cómo el Espíritu bendice tu esfuerzo!

2. **Repasa 2:22-36.** Según 2:23, ¿cómo fue entregado Jesús a la muerte?

A. Fue según el plan determinado y el previo conocimiento de Dios.

B. No fue la primera opción de Dios.

C. Tomó a Dios por sorpresa.

La muerte de Jesús fue el plan de Dios desde el principio, antes de la fundación del mundo (Apocalipsis 13:8). Aquellos que conspiraron contra Jesús pecaron, pero su pecado no alteró el plan de Dios. De hecho, en su bondad, Dios usa incluso el pecado para cumplir sus propósitos y bendecir a sus hijos.

★ 3. ¿Encuentras consuelo en la soberanía de Dios? ¿Por qué sí o por qué no?

Más adelante en esta sección hay otra ilustración más sutil de la soberanía de Dios.

4. **Vuelve a leer 2:36 y completa los espacios en blanco a continuación.**

> Sepa, pues, con certeza toda la casa de Israel, que a este Jesús a quien ustedes crucificaron, Dios lo ha hecho ______ ____ ________.

El título *Cristo* (del griego para "Mesías") tenía un significado especial para los creyentes judíos. Sus antepasados habían estado esperando al Mesías prometido por Dios desde la caída. Y el título *Señor* (que significa "Amo") llegaría a tener un significado especial para los creyentes gentiles, ya que hacía referencia tanto al papel de Dios como a su carácter. Aunque los primeros creyentes todavía no habían predicado el evangelio a los gentiles, Pedro usó ambos títulos en su sermón. El plan original de salvación de Dios estaba en marcha, y Jesús era a la vez Señor *y* Cristo.

Repasa 2:37-41.

Tras oír el sermón de Pedro, los reunidos en Jerusalén fueron "conmovidos profundamente" (2:37).

5. ¿Cuándo te ha conmovido profundamente la gravedad de tu pecado?

Entonces, le hicieron a los apóstoles una pregunta sincera: "*¿Qué haremos?*". Pedro, repitiendo el mensaje de Juan el Bautista y Jesús, los llamó al arrepentimiento.

El arrepentimiento es una buena noticia, porque al dar un giro de 180 grados y alejarnos del pecado (que es la definición de arrepentimiento), nos dirigimos directamente hacia nuestro Salvador.

En 2:38 Pedro dijo: "sean bautizados cada uno de ustedes en el nombre de Jesucristo para [*eis*] perdón de sus pecados". Nuestra traducción al español de la preposición griega *eis* puede ser confusa aquí. *Eis* se traduce en otros pasajes como *hacia, en* o *con respecto a*, lo cual sugiere más una relación que una secuencia de eventos. El bautismo es un símbolo de la salvación, no un requisito previo para ella. Pedro aseguró a los nuevos creyentes que con el arrepentimiento viene el don del Espíritu Santo.

6. Al comenzar el día había 120 creyentes reunidos. Cuando Pedro terminó de predicar, ¿cuántos fueron bautizados y añadidos a su número?

Frente a las escalinatas del templo, en la parte sur, había numerosos mikvaot: una especie de grandes bañeras utilizadas para la purificación ritual. Estos nuevos creyentes pudieron bautizarse de inmediato como expresión de su arrepentimiento.

Repasa 2:42-47.

7. Actualiza tu línea de tiempo (página 18) para registrar que en el año 29† la iglesia fue establecida y comenzó a crecer.

Hasta ahora, todo lo que hemos estudiado en Hechos ha preparado el camino para el *establecimiento* de la iglesia. A partir de este punto, Lucas sigue el *crecimiento* de la iglesia, región por región, comenzando en Jerusalén. En 2:42-47 encontramos una especie de declaración de tesis que resume lo que ocurrió después de que los primeros creyentes se arrepintieron, fueron bautizados, y recibieron el Espíritu Santo. Como enseña 2:47, *el Señor mismo* hizo crecer su iglesia, y los creyentes tuvieron el gozo de entregarse a la obra que Él estaba haciendo.

★ 8. Algunas de las obras a las que la iglesia primitiva se dedicó están listadas a continuación. Subraya aquellas en las que has participado. Encierra en un círculo algo que te gustaría experimentar por primera vez o nuevamente.

- Todos los creyentes estaban juntos en unidad.
- Vendían sus posesiones para ayudar a los necesitados.
- Seguían reuniéndose todos los días.
- Partían el pan en sus hogares, comiendo juntos con alegría y sencillez de corazón.
- Alababan a Dios juntos.

★ 9. Vuelve a mirar lo que encerraste en un círculo. ¿Cómo puedes comprometerte con esta obra? Escribe tres pasos prácticos para comenzar.

DÍA 5

HECHOS 3

LEE HECHOS 3

Repasa 3:1-10.

Un tiempo después, Pedro y Juan fueron al templo a la hora de la oración, como era su costumbre.

1. **Usa un diccionario bíblico para definir los siguientes términos.**

- Cojo:

- Limosna:

El hombre cojo se ubicó en la entrada más popular del templo en el momento exacto en que muchos pasaban por allí camino a la oración. Y aunque sus amigos lo ponían en la puerta todos los días, es probable que nunca hubiera entrado al templo, no por la Ley de Moisés, sino por la interpretación que los líderes religiosos hacían de esa ley.

Cuando Pedro y Juan se acercaron, les pidió limosna. Pero lo que no imaginaba era que Dios tenía algo mucho mejor preparado para él.

2. Según 3:4, ¿qué fue lo primero que Pedro le dijo al hombre?

¿Te imaginas esta escena? Por la instrucción de Pedro, es seguro suponer que el hombre estaba mirando hacia abajo o hacia otro lado cuando pidió limosna. Quizá la vergüenza o la desesperanza le impedían mirar a quienes iban camino al templo; pero entonces Pedro y Juan, llenos del Espíritu Santo, lo miraron, y él, por indicaciones suyas, les devolvió la mirada.

3. Completa los espacios en blanco de 3:6-7.

> Pedro dijo: «No tengo plata ni oro, pero ____ ______ ________ ____ ______: en el nombre de Jesucristo el Nazareno, ¡camina!». Y tomándolo ____ ____ ______ ________, lo levantó, y al instante sus pies y sus tobillos cobraron fuerza.

En el judaísmo, la mano derecha significa favor y bendición. El hombre pidió limosna, pero Dios le mostró su favor y lo bendijo con sanidad.

★ 4. ¿Cuándo te ha dado nuestro Padre generoso más de lo que pediste? Escribe una oración de acción de gracias.

El hombre sanado podría haber hecho muchas cosas con sus piernas que ahora se movían bien, pero su respuesta inmediata fue saltar de alegría y dirigirse al templo, aferrado a Pedro y Juan, alabando a Dios todo el tiempo.

Repasa 3:11-24.

El hombre fue sanado para su bien y para la gloria de Dios. Y debido a la escena tan evidente que hizo camino al templo, hubo una audiencia cautiva lista para escuchar el evangelio. Asombrados por la imagen del hombre sanado, la multitud corrió al pórtico de Salomón, un pasillo cubierto a lo largo de la muralla oriental del templo. Y allí, Pedro predicó otro sermón.

Puede que te preguntes: *¿Por qué estaban Pedro y Juan en el templo? ¿Acaso Jesús no cambió todo eso?* Como estudiaremos juntos, los primeros creyentes judíos aún seguían muchas costumbres, tradiciones y formas de adoración judías, incluso cuando la iglesia primitiva comenzó a incluir a los gentiles. La fe en Jesús no era un abandono del judaísmo, sino su continuación. Gracias a Jesús, experimentaron la plenitud de su fe.

La audiencia de Pedro en el pórtico de Salomón estaba compuesta por judíos observantes y líderes religiosos que estaban en el templo para la oración. Como en su primer sermón, Pedro comenzó proclamando la divinidad de Jesús y luego hizo un llamado al arrepentimiento.

5. En Hechos 3:14-15, ¿qué títulos usó Pedro para proclamar que Jesús era divino? **Usa un comentario bíblico si necesitas ayuda.**

6. Usa 3:15 para hacer un esquema del mensaje de Pedro a su audiencia judía.

- "y ______ ______ al Autor de la vida",
- "al que ______ ____________ de entre los _________".
- "de lo cual nosotros somos ___________".

Veremos este mensaje repetido varias veces en los sermones de Hechos: *"Ustedes lo mataron, Dios lo resucitó, y nosotros lo vimos"*. Pero Pedro no los dejó sin esperanza. Les recordó el don de la fe.

Señalando la razón por la que todos se habían reunido en el pórtico de Salomón, Pedro les dijo que el hombre había sido sanado por la fe en Jesús. El poder para sanar no venía solo de pronunciar el nombre de Jesús, sino de Jesús mismo.

Pedro le dijo a la multitud que sabía que habían actuado por ignorancia y que el plan de Dios se había cumplido. Pero *no* les dijo que sus acciones no eran pecado. El pecado involuntario sigue siendo pecado (Levítico 4:2-3; Romanos 3:23), y Dios perdona.

★ 7. Escribe las buenas noticias de 3:19 con tus propias palabras.

Repasa 3:25-26.

Por medio de Abraham, Dios prometió bendecir a toda la humanidad. Pedro recordó a la audiencia judía que Jesús era a quien habían estado esperando y que había sido enviado primero a los descendientes de Abraham. Este nuevo pacto sería el cumplimiento del antiguo y estaría abierto a todos los que crean en Jesús. ¡Alabado sea Jesús! Él hizo el camino para que estemos con el Padre, ¡y en Él está el gozo!

8. ¿Qué fue lo que más te impactó en el estudio de esta semana? ¿Por qué?

9. ¿Qué aprendiste o volviste a aprender sobre Dios y su carácter esta semana?

DÍA 6

SALMO CORRESPONDIENTE Y ORACIÓN

LEE SALMOS 133

1. ¿Qué correlación ves entre Salmos 133 y el estudio de esta semana?

2. ¿Qué partes de este salmo captan más tu atención?

3. Termina haciendo esta oración en voz alta:

Padre,

Tú eres bueno, ¡y das buenos regalos! No dejaste a tu pueblo sin esperanza; enviaste a tu Hijo. Y no dejaste a tus discípulos sin ayuda después de la ascensión de Jesús; enviaste tu Espíritu. Tu plan, desde antes de la creación de la tierra, fue enviar a tus mensajeros hasta los confines de la tierra para edificar tu iglesia. Te alabamos porque a través de generaciones, océanos y continentes, tu buena noticia llegó hasta nosotros, exactamente como sabías que lo haría.

Confesamos que hemos convertido tu santa iglesia en un lugar de discordia. En lugar de buscar la unidad, hemos sembrado semillas de división. En lugar de predicar fielmente tu Palabra, hemos predicado nuestras propias agendas. Y en lugar de adorarte a ti, nos hemos adorado a nosotros mismos. Perdónanos, Señor.

Redime a tu iglesia, Padre. Recuérdanos que somos tuyos y que nuestros hermanos y hermanas en Cristo también lo son, incluso cuando no estamos de acuerdo con ellos. Recuérdanos que nos diste los unos a los otros como un buen regalo. Guíanos hacia la verdadera unidad para que podamos proclamar, como David: "¡Cuán bueno y cuán agradable es!".

Rindo a ti mi vida, Señor; en cada momento de mi día, en cada decisión que tome, cedo mi voluntad y mi camino a tu perfecta voluntad y camino.

Yo también te amo. Amén.

DÍA 7

DESCANSA, PONTE AL DÍA O PROFUNDIZA

RETO SEMANAL

En el Día 4 identificaste algo que la iglesia primitiva experimentó y que te gustaría experimentar hoy: unidad, vender posesiones para suplir necesidades, reunirse diariamente, comer juntos en los hogares, o alabar a Dios en comunidad. También enumeraste tres pasos prácticos que podrías dar para entregarte a esta obra. Esta semana comienza a dar esos pasos que escribiste.

SEMANA 2

Hechos 4-6

Año aproximado: 35 d. C.

VERSÍCULO PARA MEMORIZAR

"El mensaje que Él envió al pueblo de Israel, predicando de paz por medio de Jesucristo, que Él es Señor de todos".
Hechos 10:36

LECTURA BÍBLICA DIARIA

Día 1: Hechos 4:1-22

Día 2: Hechos 4:23-37

Día 3: Hechos 5:1-16

Día 4: Hechos 5:17-42

Día 5: Hechos 6

Día 6: Salmos 118

Día 7: Para ponerte al día

Corresponde al Día 321 de *La sinopsis de la Biblia*

RETO SEMANAL

Ver la página 67 para más información.

DÍA 1

HECHOS 4:1-22

LEE HECHOS 4:1-22

1. **Repasa 4:1-12.** Actualiza tu línea de tiempo (página 18) para anotar que en el año 35 comenzó la persecución de los cristianos.

Al término de Hechos 3 Pedro y Juan estaban proclamando con valentía el mensaje de Cristo, su poder y su papel en el plan de redención de Dios. Hechos 4 comienza a mitad del sermón, pero en lugar de continuar su mensaje, ellos son interrumpidos.

2. **Usa un diccionario bíblico o comentario para averiguar más sobre estas personas mencionadas en 4:1.**

Sacerdotes	
Capitán de la guardia del templo	
Saduceos	

Varios grupos e individuos se opusieron al mensaje que estaba siendo proclamado, y muchos de los que estaban entre la oposición tenían poder político. Cuando Pedro y Juan afirmaron que Jesús había resucitado de entre los muertos, fueron apresados a la fuerza y encarcelados durante la noche. Su declaración contradecía la creencia de los saduceos de que no había resurrección ni vida después de la muerte. A pesar de los intentos de los líderes religiosos por frenar y silenciar el mensaje del evangelio, el número de creyentes creció por miles.

★ 3. ¿Por qué crees que el número de creyentes creció en lugar de disminuir frente a la persecución?

Después de que Juan y Pedro pasaron una noche en prisión, los gobernantes religiosos se reunieron para determinar su destino. Los mismos hombres poderosos que condenaron a Jesús a muerte les preguntaron acerca de la autoridad con que hablaban estos dos pescadores galileos. Parecía que los gobernantes estaban diciendo: *"Ejecutamos a su líder. ¿No saben de lo que somos capaces?"*.

4. **Busca la palabra *llenos* (4:8) en un diccionario.** ¿Fue este tipo de llenura del Espíritu Santo un incidente temporal o un llenado continuo? ¿Por qué podría ser importante hacer esta distinción?

Los gobernantes religiosos intentaron exhibir su autoridad para intimidar a los creyentes, pero la respuesta de Pedro los dejó en ridículo. Citó una escritura que ellos consideraban autoritativa, usando Salmos 118 para señalar la divinidad de Jesús. La respuesta de Pedro no vino de su propio entendimiento, sino de la sabiduría del Espíritu Santo.

Todo constructor en el Israel del primer siglo sabía cómo construir con piedra, ya que era el material principal disponible en el desierto. Sin una piedra angular, no hay fundamento. Sin Jesús, no hay salvación.

Repasa 4:13-22.

★ 5. Según 4:13, ¿qué evidenciaba que Pedro y Juan habían estado con Jesús? ¿Se puede decir esto de tu vida? ¿Por qué sí o por qué no?

Aunque al concilio reunido no le gustó lo que Pedro dijo, no pudieron refutarlo. Después de enviar a Pedro y Juan fuera, los líderes religiosos hablaron abiertamente sobre su propio desconcierto. Pedro y Juan no eran hombres con educación, pero tenían algo mucho mejor que una formación académica: habían pasado tres años en el círculo íntimo de la Piedra angular de su salvación. Habían aprendido de Él, y en su ausencia, habían recibido su Espíritu Santo prometido.

DÍA 2

HECHOS 4:23-37

LEE HECHOS 4:23-37

Repasa 4:23-31.

En el Nuevo Testamento, los creyentes solían reunirse para orar cuando alguno de ellos enfrentaba grandes dificultades; por lo tanto, cuando Juan y Pedro fueron liberados, su primera parada fue para dar un reporte a aquellos que habían estado orando por ellos. La respuesta del grupo ante la noticia fue un corazón unido en adoración.

Su oración nos deja ver un destello del corazón de aquellos primeros creyentes. Comenzaron alabando a Dios por quién es Él y reconociendo su grandeza en relación con ellos mismos. Esto parece haberlos preparado para ver más allá de sus propias vidas y circunstancias.

1. Según 4:25, ¿quién es citado en la oración de Salmos 2?

   A. David

   B. El Espíritu Santo

   C. Ambas opciones

La iglesia primitiva entendía que la Escritura era la Palabra inspirada de Dios, así que sabían que las palabras de David eran, en realidad, palabras de Dios. El pasaje citado del Salmo 2 mostraba la total confianza de David en que Dios sería victorioso. Los creyentes compartían esa misma visión sobre sus vidas y decidieron orar a Dios con sus mismas palabras, probablemente como un recordatorio para ellos mismos.

Su oración pasó de las circunstancias de David a su propia realidad. Jesús fue designado por Dios, y sus enemigos solo podían hacer lo que ya estaba en el plan de Dios, ni más ni menos. Aunque la muerte de Jesús fue terrible, ¡hizo posible la vida eterna y la salvación!

2. La valentía de Pedro y Juan asombró a los gobernantes y reveló que habían estado con Jesús (4:13). En 4:29-30 los creyentes, enfrentando amenazas, hicieron solo una petición en su oración. ¿Cuál fue? ¿Por qué crees que oraron por esto? ¿Qué habrías pedido tú de haber estado en su lugar?

Estos creyentes estaban convencidos de que Dios seguiría obrando con poder, y querían desesperadamente ser parte de ello. Tenían una profunda consciencia de que cualquier bien que pudieran lograr era gracias a la obra de Dios *a través* de ellos. Ver a Dios y la obra que estaban haciendo desde esta perspectiva les permitió continuar con fuerza sin cargar con el peso ellos mismos.

★ 3. ¿Ves el servicio a Dios como algo que tienes que hacer para Él o como algo que Él hace a través de ti? ¿Por qué es importante esta distinción?

Repasa 4:32-37.

Antes de vender todas tus posesiones y formar una comuna en el campo, recuerda lo que mencionamos en la introducción sobre la diferencia entre información e instrucción. Lo que vemos aquí es un hermoso ejemplo del tipo de unidad que compartían los primeros creyentes. En Jerusalén había varios miles de creyentes, y enfrentaban persecución y amenazas a diario. Para sobrevivir, necesitaban cuidarse unos a otros y suplir las necesidades dentro de sus círculos más cercanos. ¡Y esa forma de vida parece que les produjo mucha alegría!

★ 4. ¿De qué maneras la iglesia local hoy en día apoya y cuida a sus miembros?

Este grupo de seguidores de Cristo no tenía una mentalidad de consumidor; cada uno desempeñaba un papel en la edificación del cuerpo local de creyentes. En lugar de egoísmo, había sacrificio; en lugar de orgullo, había humildad. En medio de todo esto, el Señor proveyó poder y gracia. Los apóstoles daban testimonio de la resurrección de Jesús y eran responsables de distribuir los recursos para asegurarse de que todos estuvieran atendidos.

En los últimos versículos de este capítulo de Hechos conocemos a un hombre que desempeñará un papel clave en nuestro estudio: Bernabé.

5. Para conocerlo mejor, completa su perfil a continuación:

- Nombre real:
- Apodo dado por los apóstoles:
- Significado de su apodo:
- Linaje hebreo:
- Originario de:
- Vendió su:
- Hizo esto con sus ganancias:

DÍA 3

HECHOS 5:1-16

LEE HECHOS 5:1-16

Repasa 5:1-11.

El estudio de ayer terminó con José/Bernabé, además de muchas otras personas, vendiendo sus propiedades y entregando el dinero a los ancianos para que lo distribuyeran según la necesidad. En la lectura de hoy, Ananías imitó esa acción, pero le añadió su propio giro astuto. Hizo el mismo tipo de actividad "generosa", pero sin revelar la verdad a los apóstoles: se quedó con parte del dinero. Y como su esposa Safira colaboró con él en lo que estaba haciendo, ella también cargó con la culpa de su pecado. Aunque probablemente esperaban recibir elogios, en su lugar recibieron reprensión.

1. Según 5:3-4, ¿a quién le estaba mintiendo Ananías? ¿Quién inspiró esta mentira?

La gran ironía aquí es que Dios, que lo sabe todo, no puede ser engañado. Aunque ellos eran libres para hacer lo que quisieran con la tierra, ya sea haberse quedado con la propiedad, haber dado abiertamente solo una parte o incluso haberla vendido y quedarse con todo el dinero, lo que *no* eran libres de hacer era mentirle a Dios.

Su engaño rompió la confianza con el pueblo de Dios, y Dios respondió de manera rápida y justa. Y las personas que se enteraron de lo sucedido reaccionaron de una manera apropiada: con temor. Algunos eruditos creen que este nivel de juicio, que Dios los hiciera caer muertos, fue algo único para los primeros creyentes, mientras que otros creen que la respuesta severa de Dios indica que Ananías y Safira no eran verdaderos creyentes.

2. ¿Qué piensas tú? ¿Por qué? ¿Puedes recordar otros pasajes de la Escritura que respalden tu posición?

Es importante notar que Pedro no sentenció a muerte a esta pareja; simplemente confrontó su mentira. Y Dios le concedió a Pedro una especie de discernimiento sobrenatural para saber que Safira también moriría. Es razonable suponer que todo este escenario entristeció a los apóstoles.

3. ¿Qué indican las acciones de esta pareja sobre su perspectiva de Dios y de su pueblo?

★ 4. Piensa en una ocasión en la que serviste o fuiste generoso de manera superficial, con una motivación egoísta. ¿Cómo te sentiste? ¿Cuál fue el resultado?

En estos cuerpos de carne, nuestras motivaciones probablemente nunca serán completamente puras. *Y, sin embargo, aquí seguimos.* Dios nos ha mostrado una gran misericordia al perdonarnos la vida, no dándonos el mismo castigo que Ananías y Safira merecían y recibieron. Eso es lo que nosotros también merecemos. Pero como la perfección de Cristo nos ha sido concedida, no tenemos que temer que Dios nos fulmine cuando pecamos. En cambio, Él nos capacita por medio de su Espíritu para hacer buenas obras a pesar de nuestra humanidad caída. Las acciones de Dios con esta pareja deberían producir en nosotros un temor santo, ¡pero también deberían iluminar su gran bondad hacia nosotros!

5. **Busca la palabra *iglesia* (5:11) en un diccionario de griego y descríbela con tus propias palabras.**

Esta es la primera vez que aparece la palabra *iglesia* en el libro de Hechos. Jesús había prometido que edificaría su iglesia, y aquí vemos cómo su promesa se estaba cumpliendo, no a pesar del engaño de la pareja sino a través de él. La historia generó un temor justo en quienes la escucharon, lo que desempeñó un papel importante en guiar a la iglesia primitiva hacia la integridad.

Repasa 5:12-16.

6. ¿Quién realizaba las señales y maravillas entre el pueblo?

Las señales y maravillas eran eventos habituales en la iglesia primitiva. Esta era la generosa respuesta de Dios a la oración que hicieron en Hechos 4:29-30. La gente tenía a los apóstoles en alta estima, pero quizá por lo que habían presenciado con Ananías y Safira, dudaban en involucrarse por completo.

Esto ayudó a purificar la iglesia, dejando un grupo de personas que habían considerado el costo y, aun así, consideraron irresistible el evangelio de Jesús. Fortalecidos por la ausencia de creyentes tibios, multitudes de hombres y mujeres entregados comenzaron a seguir a Cristo.

Mientras tanto, los habitantes locales seguían buscando el poder de los apóstoles, llevando a los enfermos para que fueran sanados. ¡Algunos incluso asumían que la sombra de Pedro podía sanar! La Escritura no indica si su suposición era correcta, pero este detalle revela lo altamente estimados que eran los apóstoles entre los nuevos creyentes. Y, por primera vez desde el nacimiento de la iglesia, el mensaje comenzó a extenderse más allá de los muros de Jerusalén hacia las aldeas circundantes.

★ 7. **Lee Mateo 16:18.** ¿Qué dijo Jesús que prevalecería? ¿Y qué es lo que no prevalecería? ¿En qué situaciones actuales te anima esta verdad?

A medida que vemos el establecimiento de la iglesia primitiva, dirigida por los apóstoles, seguiremos viendo cómo surgen amenazas, tanto internas como externas, pero ánimo: ¡Ningún pecado cometido por nadie dentro o fuera de la iglesia impedirá que Dios cumpla su promesa!

DÍA 4

HECHOS 5:17-42

LEE HECHOS 5:17-42

Repasa 5:17-21a.

Aunque los celos no eran un motivo legal para un arresto, el sumo sacerdote y los saduceos parecían pensar que era razón suficiente. Esta vez, sin embargo, el arresto no fue solo de Pedro y Juan, sino de "los apóstoles". No sabemos si fueron solo algunos de ellos o los doce, pero sus buenas obras, su creciente popularidad y su mensaje lleno de esperanza eran una amenaza para el *statu quo* religioso. Así que pasaron otra noche en la cárcel, lo que proporcionó otra oportunidad para que Dios mostrara su poder en medio de su dolorosa circunstancia.

1. **Busca la palabra *ángel* (5:19) en un diccionario y anota su definición.**

El mensaje del ángel habría parecido abrumador si los apóstoles hubieran estado actuando en sus propias fuerzas. Habían sido arrestados en el templo por proclamar a Cristo, pero el ángel les dijo que salieran de la cárcel sobrenaturalmente ¡y fueran a proclamar a Cristo de nuevo en el templo! El temor al hombre los habría dispersado, pero el poder de su mensaje y la presencia del Espíritu Santo en ellos los llevó al templo al amanecer, desenrollando sus pergaminos.

Ten cuidado de no leer este pasaje aplicándolo directamente a tu vida como para reclamar una promesa que no está ahí. Esta historia es una *descripción* de lo que sucedió en esa ocasión, no una garantía de que los seguidores de Jesús siempre serán rescatados de las dificultades. Hay momentos en la Escritura en los que los creyentes no salen de la prisión. De hecho, todos los apóstoles, excepto Juan, murieron como mártires. Y la historia de la iglesia nos dice que Juan murió en el exilio en la isla de Patmos.

★ 2. ¿Por qué es vital entender si la Escritura está describiendo un evento o haciendo una promesa para todos los creyentes antes de aplicarla a nuestra vida?

Repasa 5:21b-26.

Esta escena se desarrolla como una tira cómica. Los hombres que pensaban que tenían el control, en realidad no sabían lo que estaba sucediendo, y no solo estaban confundidos sino también asustados. Este concilio ya había visto desaparecer a Jesús, quien estaba fuertemente custodiado, pero en aquella ocasión pagaron a los guardias para que mintieran. La desaparición de Jesús de la tumba les había causado todo tipo de problemas, ¡así que debieron estar nerviosos cuando los apóstoles también desaparecieron! Pero, para sorpresa de todos, los apóstoles estaban exactamente en el mismo lugar donde habían sido arrestados.

3. ¿Por qué crees que la gente podría haber apedreado a los oficiales si hubieran tomado a los apóstoles por la fuerza? ¿Qué dice esto sobre las motivaciones de los oficiales?

Repasa 5:27-32.

Los líderes religiosos (quienes dieron muerte a Cristo) quizá se dejaban llevar por la opinión popular, pero los apóstoles tenían claro de dónde provenía su motivación.

4. Usando 5:27-32, completa la siguiente tabla:

Lo que motiva a los apóstoles	Lo que no motiva a los apóstoles

Recuerda que este grupo de hombres fueron llamados apóstoles porque habían estado con Jesús. Estuvieron presentes cuando Él vivió, murió y resucitó. No se mantenían firmes solo por convicción moral, sino por la dedicación a la verdad eterna que habían presenciado con sus propios ojos.

Repasa 5:33-42.

En su Evangelio, Lucas registró la dura crítica de Jesús hacia los fariseos (Lucas 11:37-44). Los llamó hipócritas, necios, descuidados, orgullosos ¡y mucho más! Parece que al menos algunos fariseos tomaron en serio estas reprensiones.

5. Escribe todo lo que sabemos o podemos deducir sobre Gamaliel a partir de este pasaje. **Usa un comentario bíblico como apoyo.**

6. ¿Qué revela este pasaje sobre los planes de los hombres y el plan soberano de Dios?

Como fariseo, Gamaliel debió haber sido una excepción poco frecuente. Aunque aparentemente no apoyaba a esta secta radical de judíos, tenía la sabiduría suficiente para saber que oponerse a Dios era una mala idea.

★ 7. ¿Qué aspecto crees que podrían tener los apóstoles (físicamente) cuando fueron liberados? ¿Por qué crees que se regocijaron en medio de su sufrimiento?

Ningún castigo ni reprensión pudo apagar la pasión de los apóstoles. Fieles a sus palabras ante el concilio, predicaban abiertamente, desde los lugares más públicos hasta los más privados, que Jesús era el tan esperado Salvador. El mensaje del evangelio no se podía silenciar.

DÍA 5

HECHOS 6

LEE HECHOS 6

Repasa 6:1-7

En medio de la persecución tanto de Roma como de los judíos incrédulos, los líderes de la iglesia se aseguraban de que se distribuyera la comida a los creyentes en Jerusalén. Pero la iglesia estaba creciendo muy rápidamente, y el crecimiento a menudo trae consigo nuevos problemas. En este caso, un grupo en concreto, los helenistas, observaron que sus viudas no estaban recibiendo suficiente comida. Los helenistas eran judíos que hablaban en griego y que se habían ido de la región, pero habían regresado. El hecho de que estos "extranjeros" se sintieran con confianza para presentar su queja a los discípulos revela mucho sobre la cultura de la iglesia primitiva, así como también lo hace la respuesta de los discípulos.

Los apóstoles no solo escucharon esta válida queja de los helenistas, sino que también lo tomaron en serio hasta el punto de reunir a *todos* los discípulos para discutirlo y resolverlo.

1. ¿Cuáles eran las dos cosas en que tenían que enfocarse los discípulos en lugar de servir ellos mismos a las viudas?

No es que servir a las viudas no fuera una tarea digna para los discípulos, sino que el crecimiento de la iglesia les exigía delegar tareas para así poder establecer bien el orden y que no hubiera necesidades que pasaran inadvertidas o que no se pudieran suplir.

2. Rodea con un círculo las tres características exigidas para quienes debían ocupar esta nueva función.

Debían estar casados.

Debían estar solteros.

Debían tener buena reputación.

Debían estar dispuestos a servir.

Debían estar llenos del Espíritu Santo (ser verdaderos creyentes).

Debían ser sabios.

Debían ser pacientes.

Los discípulos se tomaron muy en serio la tarea de realizar esta función para servir a las viudas. Los siete hombres seleccionados, posiblemente uno para cada día de la semana, tenían que demostrar un carácter respetable y evidencia de una verdadera salvación. (En los días de la iglesia primitiva había mucha preocupación de que los enemigos pudieran infiltrarse como creyentes para lanzar una rebelión interna o sabotearles de alguna otra manera).

3. De los hombres enumerados, ¿el carácter de quién se destaca más? ¿Qué dice la Escritura acerca de él?

Los apóstoles oraron e impusieron sus manos sobre ellos. La imposición de manos sobre alguien era una práctica común tanto en el Antiguo como en el Nuevo Testamento: para bendecir, para sanar, para encomendar a alguien para una labor específica, y más (Números 8:10; Números 27:18; Mateo 19:13-15; Marcos 5:23; Hechos 13:3).

★ 4. ¿Eres tú, o has sido parte alguna vez, de una iglesia que practique la imposición de manos sobre las personas para oración o encomendación? Describe brevemente tu visión de esta práctica, y aporta citas bíblicas si es posible.

De modo similar a otras acciones, como el bautismo, la imposición de manos es *al menos* simbólica, pero posiblemente sirve para demostrar la fusión de las realidades física y espiritual. Se considera un medio de gracia. Y aunque la Biblia no ordena o establece reglas en torno a ello, la Biblia sí lo revela como una práctica que la iglesia primitiva estimaba y se tomaba muy en serio.

En 6:7 Lucas nos da la primera de varias actualizaciones resumidas a lo largo del libro. Y en este punto ¡las cosas en la iglesia primitiva iban viento en popa en todas las áreas importantes!

5. Empareja las frases según el reporte de Lucas.

La palabra de Dios	se multiplicaba en gran manera
El número de los discípulos en Jerusalén	obedecían a la fe
Muchos de los sacerdotes	crecía

6. Actualiza tu línea de tiempo (página 18) para observar que la primera actualización resumida sobre el crecimiento de la iglesia se narra en 6:7.

Repasa 6:8-15.

Uno de estos siete hombres estaba haciendo más que servir a las viudas. El Espíritu Santo le estaba respaldando para hacer señales y maravillas entre el pueblo, no solo entre la iglesia. Esto captó la atención de muchísimos enemigos, los cuales presentaron contra él innumerables acusaciones; pero la sabiduría del Espíritu era más fuerte que cualquier argumento.

7. Completa las acusaciones vertidas contra Esteban. Las acusaciones se combinan en cada sección, así que tendrás que separarlas (regresaremos a la última columna en nuestra siguiente pregunta).

Versículo	Acusación	¿Similitudes?
6:11 (parte 1)		
6:11 (parte 2)		
6:13-14 (parte 1)		
6:13-14 (parte 2)		

8. **Repasa las acusaciones hechas contra Jesús en Mateo 26:59-63 y Marcos 14:57-64.** En cada acusación que sea parecida a las de Esteban, pon un símbolo de "check" en la última columna.

Los enemigos de Esteban incitaron a hombres contra él, pusieron falsos testigos, y le acusaron de cosas que nunca había dicho o hecho. Los que no creían que Jesús era Dios consideraban una blasfemia decir que Jesús era más grande que Moisés e igual a Dios. Los que no creían en Jesús no entendían que sus palabras acerca de la destrucción del templo (Juan 2:19-21) eran su manera de referirse a su propia muerte y resurrección. Y ciertamente no entendían que Él vino para cumplir la ley y no para abolirla (Mateo 5:17).

Mientras hacía frente a estos hombres poderosos que querían su muerte, Esteban parecía irradiar una paz y un gozo que captó la atención hasta de sus acusadores. Demostraba una humilde confianza en la bondad y soberanía de Dios, y esta paz resiliente no solo estaba disponible para Esteban, sino también para todos nosotros por medio de la presencia del

Espíritu Santo en nosotros. A pesar de lo que podamos enfrentar en la vida o en la muerte, ¡sabemos que el gozo se encuentra en Él!

★ 9. ¿En qué circunstancias necesitas apoyarte más en la paz que viene de la presencia del Espíritu Santo?

10. ¿Qué es lo que más te impactó del estudio de esta semana? ¿Por qué?

11. ¿Qué aprendiste o volviste a aprender sobre Dios y su carácter esta semana?

DÍA 6

SALMO CORRESPONDIENTE Y ORACIÓN

LEE SALMOS 118

1. ¿Qué correlación ves entre Salmos 118 y el estudio de esta semana ?

2. ¿Qué partes de este salmo captan más tu atención?

3. Termina haciendo esta oración en voz alta:

Padre,

Este es el día que tú has hecho; permíteme gozarme y alegrarme en él. Tú eres mi fortaleza, mi cántico y mi salvación. Tu amor inagotable permanece para siempre, ¡y nada puede impedir que tus promesas se cumplan!

Tú eres la piedra angular de tu iglesia, pero confieso que muchas veces me he puesto a mí mismo como la piedra angular de mi propia vida. He sido egoísta y me he negado a compartir lo que tú me has dado generosamente, o he sido generoso externamente, pero con motivaciones egoístas en secreto. He etiquetado pequeñas incomodidades como sufrimiento. Y cuando realmente he sufrido, lo he usado como excusa para dejar de buscarte.

Es tentador pedir la resistencia de Pedro y Juan, o la paz de Esteban, o la fortaleza del salmista; pero ellos no pueden atribuirse el mérito de su resistencia, paz o fortaleza. Todo fue obra tuya. Así que te pido la resistencia, la paz y la fortaleza que solo tú puedes dar. Recuérdame que tú estás de mi lado y que no tengo nada que temer.

Te entrego mi vida, Señor; en cada momento de mi día, en cada decisión que tome, rindo mi voluntad y mis caminos a tu perfecta voluntad y tu camino.

Yo también te amo. Amén.

DÍA 7

DESCANSA, PONTE AL DÍA O PROFUNDIZA

RETO SEMANAL

El Día 1 leímos que Juan y Pedro fueron arrestados por predicar con valentía en el templo y luego hablaron con valentía ante el concilio. Después de contar su experiencia a sus amigos, los creyentes le pidieron a Dios aún *más* valentía. Sabían que la única razón por la que habían sido valientes en los momentos en que lo necesitaron fue porque el Espíritu Santo se la concedió; si querían continuar con su labor, necesitarían que el Espíritu Santo se la siguiera dando. Cada día de esta semana, ora por valentía para compartir el mensaje de Cristo, ¡y busca oportunidades para ser valiente!

SEMANA 3

Hechos 7-9

Años aproximados: 35-36 d. C.

VERSÍCULO PARA MEMORIZAR

"Ustedes saben lo que ocurrió en toda Judea, comenzando desde Galilea, después del bautismo que Juan predicó".
Hechos 10:37

LECTURA BÍBLICA DIARIA

Día 1: Hechos 7

Día 2: Hechos 8:1-25

Día 3: Hechos 8:26-40

Día 4: Hechos 9:1-19

Día 5: Hechos 9:20-43

Día 6: Salmos 31

Día 7: Para ponerte al día

Corresponde a los Días 322 y 323 de *La sinopsis de la Biblia*

RETO SEMANAL

Ver la página 91 para más información.

DÍA 1

HECHOS 7

LEE HECHOS 7

Repasa 7:1-50.

Los líderes religiosos habían acusado a Esteban de blasfemar contra Moisés, blasfemar contra Dios, y hablar en contra del templo y la ley. A primera vista podría parecer que ignoró estas acusaciones, pero Esteban no solo dio una lección de historia. Con sabiduría, enfatizó personas clave, eventos, lugares y las acciones de Dios en su relato de la historia de Israel. Dios escogió a personas a través de las cuales llevaría a cabo su plan de salvación. Dios se manifestó en lugares fuera de la tierra prometida. Pero, a pesar de las acciones de Dios, su pueblo a menudo fue desobediente y rebelde.

1. Escribe en la tabla a continuación las personas clave, lugares, eventos y acciones de Dios.

Versículo(s)	Persona(s)	Lugar(es)	Evento(s)	Acción(es) de Dios
7:1-8				
7:9-16				

Versículo(s)	Persona(s)	Lugar(es)	Evento(s)	Acción(es) de Dios
7:17-22				
7:23-29				
7:30-35				
7:36-43				
7:44-50				

El discurso de Esteban no solo repasó el pasado de Israel, sino que también señaló un patrón devastador a lo largo de su historia: el pueblo de Israel no respetaba ni escuchaba a la persona que Dios había designado sobre ellos.

★ 2. Junto a las referencias bíblicas a continuación, escribe lo que Esteban dijo sobre la persona que Dios escogió y la respuesta del pueblo.

7:9-10 (José y los patriarcas):

7:25-28 (Moisés y los israelitas en Egipto):

7:35-40 (Moisés y los israelitas en el desierto):

Repasa 7:51-53.

Este fue el clímax del discurso de Esteban. Marcó su punto principal de manera clara y contundente: Israel siempre había perseguido a los profetas de Dios, ¡y su audiencia no era diferente! Este grupo negó a Jesús y fue responsable de su muerte. También negaron las enseñanzas y las obras milagrosas de los discípulos (recordemos cómo trataron a Pedro y a Juan en Hechos 4). Además, demostraron claramente su resistencia al Espíritu Santo y su total desprecio por los planes y propósitos de Dios.

Puede ser fácil leer la historia de Israel y pensar: *¡Despierta, Israel! ¿No ves lo que Dios está haciendo?* Pero la realidad es que nosotros a veces tampoco vemos lo que Dios está haciendo en nuestras propias vidas. O tal vez lo vemos, pero elegimos ignorarlo obstinadamente. En algunos momentos podemos encontrarnos actuando como los israelitas o los líderes judíos, perdiéndonos lo que Dios está haciendo.

★ 3. Pide al Espíritu Santo que te revele cualquier área en la que estés ignorando o resistiendo a Dios. Pídele que te ayude a obedecerlo y a demostrar fe en lo que Él está haciendo en tu vida.

Repasa 7:54-60.

Los líderes judíos claramente no estaban contentos con lo que Esteban había dicho, y sus acciones confirmaron su punto principal. Siguieron los pasos de sus antepasados y apedrearon a Esteban. Observemos cómo el lenguaje glorioso usado para describir a Esteban, lo que vio y cómo murió, contrasta con las horribles descripciones del pueblo y sus acciones. Esteban fue un hombre escogido por Dios y usado por Él de una manera poderosa. Murió lleno del Espíritu Santo, y sus últimas palabras fueron una súplica de perdón por sus enemigos.

4. ¿Quién cuidó los mantos de aquellos que apedrearon a Esteban?

DÍA 2

HECHOS 8:1-25

LEE HECHOS 8:1-25

Repasa 8:1-3.

No solo Saulo cuidó los mantos de todos, sino que también aprobó la ejecución de Esteban. La muerte de Esteban tuvo enormes consecuencias para la iglesia recién formada en Jerusalén.

1. ¿Qué le sucedió a la iglesia y quién fue el principal instigador?

A lo largo de Hechos, Lucas utiliza declaraciones de resumen o transiciones para cerrar una sección y alertarnos de que la historia está tomando una nueva dirección. Lucas se aseguró de incluir una breve mención del entierro de Esteban y el lamento por él; era importante para los creyentes honrarlo sin importar el peligro que enfrentaban. La persecución de la iglesia hizo que los creyentes salieran de Jerusalén y fueran a Judea y Samaria. A pesar de los intentos malignos de Saulo por erradicar a estos seguidores de Jesús, ¡el plan de Dios siguió prevaleciendo!

2. **Vuelve a leer 1:8.** Colorea el centro de la diana a continuación, anotando dónde los creyentes ya han dado testimonio y hacia dónde se dirigen después.

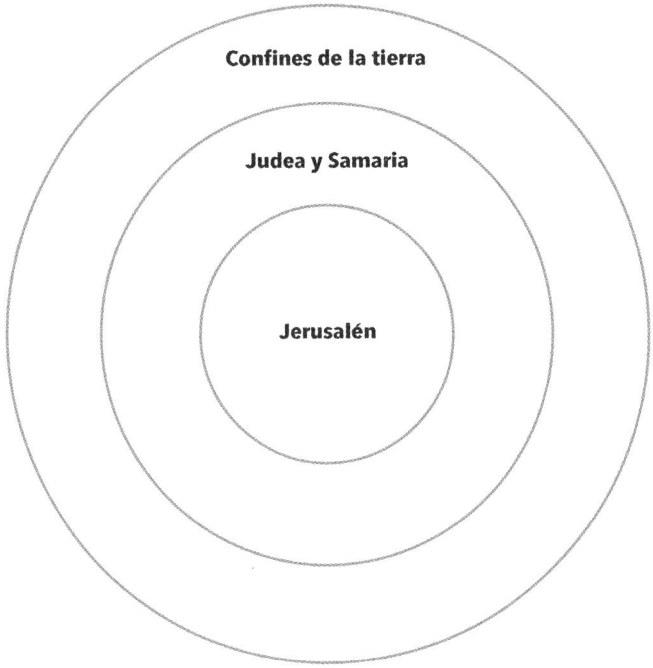

Repasa 8:4-8.

3. Actualiza tu línea de tiempo (página 18) para anotar que, en el año 35, Felipe fue a Samaria.

Felipe, quien trabajó estrechamente con Esteban en Hechos 6, aprovechó rápidamente el tiempo en una nueva ciudad y predicó a los samaritanos. ¡Esto fue revolucionario! Los judíos consideraban a los samaritanos impuros debido a su herencia genética. Aunque tenían la Torá (los primeros cinco libros de la Biblia) y afirmaban adorar a Yahvé (aunque no en Jerusalén), los samaritanos eran odiados por los judíos; sin embargo, recibieron a Felipe con los brazos y los oídos abiertos. Notemos la diferencia radical entre la respuesta de los samaritanos y la de los líderes judíos en Jerusalén.

★ 4. ¿Por qué los samaritanos escucharon a Felipe? ¿Cuál fue su respuesta?

Felipe predicó con valentía a los samaritanos. El mensaje se extendió más allá de Jerusalén, y los judíos confirmaron que los creyentes tomaron en serio las enseñanzas de Jesús en Hechos 1:8. El Espíritu Santo también los empoderó, tal como Jesús había dicho que lo haría, para llevar las buenas nuevas. Pequeño adelanto: este es solo el primer paso hacia los "confines de la tierra". ¡Todavía queda mucho por llegar!

Repasa 8:9-25.

5. Encierra en un círculo todas las afirmaciones aplicables a Simón.

- Practicaba magia anteriormente.
- Era de Jerusalén.
- Asombraba a la gente.
- Era humilde.
- Decía que era un gran personaje.
- Todos le prestaban atención.
- La gente decía que se llamaba el Gran Poder de Dios.
- Era primo de Saulo.
- Intentó comprar el poder del Espíritu Santo.
- Pedro lo reprendió.
- Creyó y fue bautizado.

A medida que las buenas noticias se extendieron a los no judíos, los discípulos y creyentes a menudo encontraron otras prácticas religiosas. A veces esto llegaba con oposición espiritual, pero en esta historia no fue así. A pesar de lo que se dice sobre el orgullo de Simón y sus prácticas mágicas, creyó a Felipe y fue bautizado junto con muchos otros.

★ 6. Según 8:14, ¿quiénes fueron a comprobar la situación en Samaria? ¿Por qué?

No es que los apóstoles no confiaran en Felipe. Sus credenciales en Hechos 6 eran impecables. Entonces, ¿por qué enviaron a Pedro y a Juan? Recuerda que todo esto era nuevo para los creyentes. Aunque Jesús había ministrado a algunos no judíos, eso no era la norma. El Espíritu Santo estaba llevando a los creyentes a territorio desconocido. Lo más probable es que Pedro y Juan fueran enviados para confirmar la experiencia de los samaritanos. Cuando los samaritanos recibieron al Espíritu Santo, ¡ya no se necesitaba más validación! Los samaritanos eran indiscutiblemente parte de la comunidad creyente.

7. ¿Qué les ofreció Simón a los apóstoles a cambio del poder del Espíritu Santo?

Pedro tuvo palabras duras para la audaz propuesta de Simón. Aunque Simón pareció arrepentirse, no conocemos el verdadero estado de su corazón. Pero ese no es el punto principal del texto. La historia revela un detalle más importante: el Espíritu Santo es un regalo, y su poder no puede ser manipulado ni controlado por los humanos. Y en su poder, el Espíritu Santo confirmó que estos samaritanos ahora eran hijos de Dios. ¡Gloria a Dios!

DÍA 3

HECHOS 8:26-40

LEE HECHOS 8:26-40

Repasa 8:26-28.

★1. ¿Quién le dijo a Felipe que viajara por el camino de Jerusalén a Gaza? ¿Cuál crees que era el propósito de este viaje?

Felipe estaba en acción nuevamente. Dios lo había usado en Jerusalén, lo había usado en la ciudad de Samaria, y ahora Dios lo estaba moviendo otra vez. Dios envió a Felipe a viajar por un camino en un lugar desértico. Si Felipe estaba confundido o no entendía por qué Dios le ordenó esto, no lo demostró. En lugar de cuestionar la orden de Dios, simplemente se levantó y fue.

2. Rodea con un círculo Jerusalén y Gaza en el mapa de abajo.

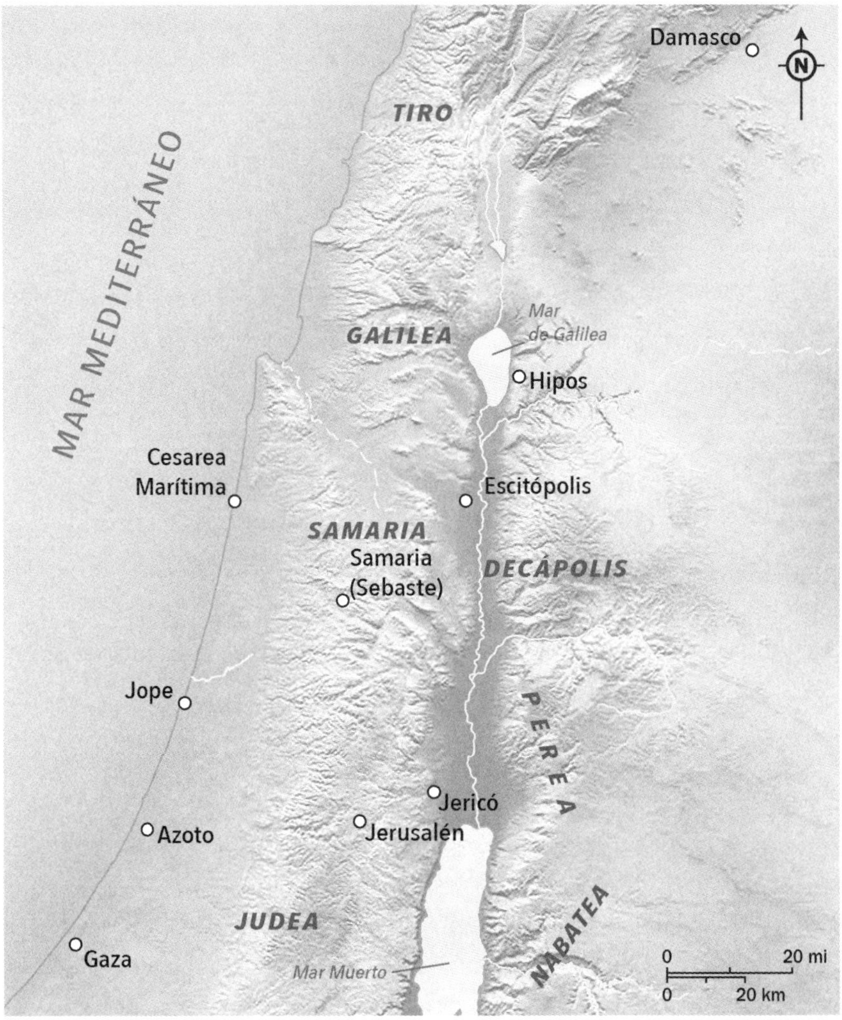

Gaza estaba a unos cien kilómetros de Jerusalén. No estamos seguros de dónde comenzó Felipe este viaje, pero rápidamente encontró a la persona que Dios había preparado para este encuentro: un eunuco etíope. (Si no estás seguro de qué es un eunuco, usa un diccionario bíblico para obtener más información).

3. Completa los espacios en blanco de 8:27-28. Observa la cantidad de información que Lucas proporcionó sobre esta persona.

> Y había un _______ _________, alto ________ de Candace, reina de los etíopes, el cual estaba ________ de todos sus _______, que había venido a __________ para _______. Regresaba a su país sentado en su ________, y ______ al profeta _______.

El Espíritu le dijo a Felipe que se acercara al carro. Esta era la segunda vez que Dios instruyó específicamente a Felipe para que hiciera algo. Claramente, Dios tenía un plan para esta situación. Aunque el eunuco etíope había estado en Jerusalén adorando, el texto no revela si era judío o un converso al judaísmo. Lo que sí sabemos es lo que estaba leyendo: Isaías.

Repasa 8:29-35.

4. ¿Qué pregunta le hizo el eunuco a Felipe?

¿Qué probabilidades había de que el eunuco estuviera leyendo este pasaje de Isaías 53 cuando Felipe se acercó a su carro? ¡Ese capítulo de la Escritura señala con tanta claridad la identidad del Mesías que muchos judíos tienen prohibido leerlo incluso hoy en día! Felipe le explicó el texto, ayudándolo a comprender las buenas noticias.

Considera los diferentes métodos que Felipe usó, bajo el poder y la dirección del Espíritu Santo, para compartir el evangelio en Hechos 8. Proclamó a Jesús a las multitudes en Samaria, donde su mensaje fue acompañado por milagros y sanidades. Y aquí, Felipe instruyó pacientemente a un individuo que tenía una pregunta sencilla sobre lo que leía. La obra del Espíritu en Hechos nos recuerda que Dios usó diferentes maneras para alcanzar a las personas con su plan de salvación. Usó a sus discípulos para encontrarse con las personas donde estaban. ¡Y sigue haciendo lo mismo hoy!

★ 5. ¿De qué maneras has sentido el llamado a compartir el evangelio? ¿Has hecho suposiciones sobre cómo o a quién debe presentarse el evangelio? ¿Qué puedes aprender del ejemplo de Felipe?

Repasa 8:36-40.

En medio de su conversación, llegaron a un lugar con agua y el eunuco preguntó: "¿Qué impide que yo sea bautizado?". La naturaleza retórica de esta pregunta implicaba que la respuesta era *nada*. Ya hemos visto esto en nuestro estudio (2:38-41) y lo veremos nuevamente (10:47-48); cuando alguien cree, el siguiente paso natural es el bautismo. Aunque hay diferentes puntos de vista sobre el bautismo, vemos en los Evangelios y en Hechos que el bautismo seguía el modelo de la purificación ritual judía realizada en los mikvahs. Según la descripción de Lucas, lo más probable es que el eunuco haya entrado completamente en el agua con Felipe a su lado.

6. **Busca el término usado para "llevó [a Felipe]" (8:39) en un diccionario de griego.** Escribe lo que significa.

7. En el mapa al comienzo de este capítulo, rodea Azoto y Cesarea.

Existen diferentes opiniones sobre lo que sucedió con Felipe en 8:39. Algunos comentaristas dudan en suponer una teletransportación milagrosa, mientras que otros afirman que Felipe fue realmente trasladado por el Espíritu del Señor a un nuevo lugar. De cualquier manera, el punto principal del texto es que continuó su ministerio evangelístico y predicó hasta llegar a Cesarea.

★ 8. Basado en tu comprensión de la palabra griega y la ubicación de Azoto, ¿qué crees que sucedió y por qué?

Independientemente de cómo Felipe abandonó la escena exactamente, el eunuco etíope siguió su camino con gozo. Lucas no nos dice qué sucedió después en la vida de este hombre. Tal vez regresó a Etiopía y compartió el evangelio con quienes estaban en la corte y el palacio etíope. O quizá Dios lo usó de otra manera. Pero hay algo seguro: estaba lleno de gozo. Dios se encontró con él en un camino desértico, ¡y nunca volvería a ser el mismo!

DÍA 4

HECHOS 9:1-19

LEE HECHOS 9:1-19

Repasa 9:1-9.

El capítulo 9 comienza con un cambio drástico de tono: "Saulo, respirando aún amenazas...". Aunque el evangelio había sido predicado a los samaritanos, Lucas nos recuerda que todavía había un hombre decidido a detener estas buenas nuevas. Saulo quería encontrar y castigar a cualquiera que estuviera asociado con el Camino, un nombre que se usaba para describir a los creyentes antes de que fueran llamados cristianos.

1. **Vuelve a leer 8:3 y 9:1.** Completa la tabla a continuación con las acciones de Saulo.

Versículo	Acciones de Saulo
8:3	
9:1	

Damasco se encontraba aproximadamente a 210 kilómetros de Jerusalén. Este no era un viaje de un solo día. Consumido por su misión, Saulo estaba decidido a hacer todo lo necesario para confrontar lo que consideraba una amenaza para el judaísmo. Dios, en su soberanía, tenía otros planes. Detuvo a Saulo en su camino a Damasco.

★ 2. Escribe lo que Saulo vio, oyó, tocó y probó (incluye los versículos).

- Vio:

- Oyó:

- Tocó:

- Probó:

Jesús le dejó dos cosas claras a Saulo en este encuentro. Primero, se asoció directamente con las personas a las que Saulo perseguía. Lo que se hacía contra un seguidor del Camino, se hacía contra Jesús. Segundo, Él tenía otro plan para la vida de Saulo. Y todo comenzaba con una simple orden: "Levántate, entra en la ciudad". Saulo obedeció y pasó los siguientes tres días ayunando y esperando.

3. Actualiza tu línea de tiempo (página 18) para registrar que la conversión de Saulo ocurrió en el año 36.

Repasa 9:10-16.

Lucas no nos dice mucho sobre Ananías, solo que era un discípulo. Dios le dio un papel especial en el desarrollo de la historia de la iglesia primitiva, y todo comenzó con una visión del Señor.

4. ¿Cómo respondió Ananías al Señor en 9:10?

Esta frase la usan en varias ocasiones en el Antiguo Testamento personas como Abraham, Jacob, Moisés, Samuel e Isaías (Génesis 22:1, 31:11; Éxodo 3:4; 1 Samuel 3:4-14; Isaías 6:8), pero la declaración de Ananías es la única vez que aparece en el Nuevo Testamento. "Aquí estoy" implicaba obediencia y un corazón listo para servir al Señor. Esto era significativo porque cada persona que respondió al llamado del Señor tenía por delante una tarea importante, y a menudo difícil. Ananías no fue la excepción.

Observemos la conversación entre Dios y Ananías. Dios le dijo a Ananías que fuera a ver a Saulo y orara por él para que recuperara la vista. En lugar de obedecer de inmediato, Ananías le recordó a Dios la reputación de Saulo. ¿Había olvidado Dios el mal que Saulo había planeado contra la iglesia o las cartas que le daban autoridad para llevar creyentes a la cárcel en Jerusalén? Sabemos —y también lo sabía Ananías— que Dios no había olvidado nada de esto. Y su mandato siguió siendo el mismo la segunda vez: ve.

5. ¿Qué más le dijo Dios a Ananías sobre Saulo en 9:15-16? Ten esto en mente mientras avanza la historia de Saulo en Hechos.

Repasa 9:17-19.

Ananías obedeció a Dios y fue a buscar a Saulo. Cuando le habló, lo llamó hermano. Aun antes de que Saulo dijera una palabra, Ananías lo aceptó como un creyente más. Dios le había dicho a Ananías que Saulo era un elegido suyo, y Ananías trató a Saulo como corresponde.

Así como en el camino a Damasco, la experiencia de conversión de Saulo involucró todo su cuerpo. *Escuchó* la oración de Ananías. Algo como escamas cayó de sus ojos y recuperó la *vista*. *Sintió* el toque de Ananías cuando le impuso las manos. Y *comió* alimento y recuperó fuerzas.

Tal vez esta es la primera vez que lees esta historia, o quizá la experiencia de Saulo te resulta muy familiar.

★ 6. Independientemente de eso, ¿qué fue lo que más te impactó hoy en esta increíble historia?

DÍA 5

HECHOS 9:20-43

LEE HECHOS 9:20-43

Repasa 9:20-22.

Saulo había experimentado un encuentro milagroso y transformador con Jesús. Aunque era un hombre profundamente arraigado en la religión y las tradiciones del judaísmo, todavía necesitaba tiempo para reflexionar sobre los acontecimientos que acababan de suceder. Saulo tenía que enfrentarse a la realidad: Jesús había cambiado por completo todo lo que él creía saber. Saulo estuvo con los discípulos en Damasco "por varios días". Es probable que estos discípulos ayudaran a Saulo a reflexionar sobre lo que significaba para él pertenecer al Camino. Vimos a Ananías acercarse a Saulo como un hermano en 9:17, y aquí, Saulo estaba rodeado por toda una comunidad de creyentes. A lo largo del libro de los Hechos vemos que seguir a Jesús es una actividad en comunidad.

★ 1. Piensa en las diferentes personas que Dios ha usado a lo largo de tu camino de fe. Enumera algunas de ellas y anota su importancia en tu historia.

Lucas captó magistralmente la ironía en la historia de Saulo. Al comienzo de este capítulo, Saulo estaba "respirando amenazas" contra los creyentes mientras viajaba de Jerusalén a Damasco. Pero, una vez en Damasco, Saulo pronunció palabras muy diferentes de las que había planeado.

2. ¿Qué proclamó Saulo sobre Jesús en la sinagoga?

¡Eso sucedió rápido! Inmediatamente después de su tiempo de aprendizaje con los discípulos, Saulo confundió a los judíos en Damasco con su predicación. Tiene sentido que quienes lo escuchaban estuvieran asombrados y confundidos, considerando el objetivo original de Saulo.

Repasa 9:23-25.

Saulo llegó a Damasco para perseguir a los seguidores de Jesús. Había llegado con cartas del sumo sacerdote en Jerusalén. Pero Jesús cambió todo, y la vida de Saulo se transformó por completo. Lamentablemente los judíos, probablemente los líderes religiosos judíos, no estaban contentos con esto. Saulo pasó de ser el perseguidor a ser el perseguido, y tuvo que huir de la ciudad para escapar de la muerte.

Repasa 9:26-31.

Saulo regresó a Jerusalén como un fugitivo que huía de la persecución, y quería unirse a los creyentes en la ciudad. Pero ellos tenían miedo.

3. ¿Por qué tenían miedo los creyentes?

¿Te acuerdas de lo que habían visto hacer a Saulo en Jerusalén? Él había aprobado la ejecución de Esteban, uno de los pilares de su comunidad. Había obtenido autorización legal para llevarlos a prisión. Era una de las razones por las que muchos de sus amigos habían huido a Judea y Samaria. ¿Cómo podían confiar en que realmente había cambiado?

Hasta este punto, Dios había usado a Ananías y a los discípulos en Damasco para ayudar a Saulo. Aquí, Dios trajo a Bernabé, quien aseguró a los creyentes en Jerusalén que la historia de Saulo era verdadera. A pesar de haber sido perseguido por su predicación en Damasco, Saulo predicó con valentía en las sinagogas de Jerusalén. Una vez más, surgió oposición y Saulo tuvo que huir, esta vez a Tarso.

★ 4. Llena los espacios en blanco para completar 9:31. ¿Qué te llama la atención en este versículo resumen?

> Entretanto la iglesia gozaba de paz por toda ______, Galilea y ________, y era _______; y andando en el ______ _____ ________ y en la ____________ _____ __________ ______, seguía ________.

5. Actualiza tu línea de tiempo (página 18) para anotar la segunda actualización resumen sobre el crecimiento de la iglesia registrada en 9:31.

Repasa 9:32-35.

La iglesia experimentó un respiro de la persecución, la cual anteriormente había sido un catalizador para su crecimiento, pero aun así siguió multiplicándose.

6. Completa los detalles de esta historia.

- ¿Quién es mencionado y qué se dice sobre él?
- ¿Dónde sucedió esto?
- ¿Qué ocurrió?
- ¿Qué dijo Pedro?
- ¿Cuál fue la respuesta de la gente?

Repasa 9:36-43.

Pedro fue llamado a ir a Jope, a unos dieciséis kilómetros de Lida. Una viuda llamada Tabita (Dorcas en griego) había muerto. La muerte de Tabita afectó profundamente a las otras viudas de la iglesia. Le mostraron a Pedro la ropa que ella había hecho para ellas; algunos estudiosos sugieren que estas probablemente eran las únicas prendas que poseían. Era una escena de gran angustia. Pero, como sabemos, Dios tiene la costumbre de traer paz y restauración a circunstancias como esta.

Pedro se arrodilló, oró, y le dijo a Tabita que se levantara, y de repente, ¡ella regresó a la vida! Esta historia recuerda cuando Jesús resucitó al hijo de una viuda (Lucas 7:11-17) y trajo de vuelta a la hija de Jairo (Lucas 8:49–56), eventos que Pedro había presenciado. Este milagro produjo esperanza y alegría a las viudas, quienes nuevamente serían bendecidas por las "buenas obras y los actos de caridad" de Tabita. También sirvió para multiplicar la iglesia.

A lo largo de los Hechos vemos grandes movimientos de Dios a través del Espíritu Santo. Las buenas nuevas llegarán hasta los confines de la tierra. También vemos la provisión y el cuidado de Dios por su pueblo en la iglesia. Dios se interesa por alcanzar a los perdidos *y también* por fortalecer y animar a quienes ya han sido encontrados. ¡En Él está el gozo!

7. ¿Qué fue lo que más captó tu atención en el estudio de esta semana? ¿Por qué?

8. ¿Qué aprendiste o volviste a aprender sobre Dios y su carácter esta semana?

DÍA 6

SALMO CORRESPONDIENTE Y ORACIÓN

LEE SALMOS 31

1. ¿Qué correlación ves entre Salmos 31 y el estudio de esta semana?

2. ¿Qué partes de este salmo captan más tu atención?

3. Termina haciendo esta oración en voz alta:

Padre,

Tú eres mi roca de refugio y mi castillo fuerte. Tú me ves, me oyes, me amas. Haces brillar tu rostro sobre mí. Tu bondad es abundante.

Pero he tratado la presencia de tu Espíritu como un objeto que puedo comprar o merecerme, en lugar de como un regalo que me fue dado. Recuérdame que solo tú preservas a los fieles. He señalado con el dedo el corazón errante de Israel, pero no he examinado el mío. Revélame la terquedad que escondo incluso de mí mismo. He ignorado tu impulso a compartir mi fe y he sido cobarde al pensar en el rechazo. Enséñame que tú das valentía y seguridad, y no temor.

Al igual que Abraham, Moisés, Isaías y Ananías oraron, lo hago yo también: Aquí estoy, Señor. Hazme fuerte y guíame por causa de tu nombre.

Te rindo mi vida, Señor; en cada momento de mi día y en cada decisión que tomo, cedo mi voluntad y mi camino a tu perfecta voluntad y camino.

Yo también te amo. Amén.

DÍA 7

DESCANSA, PONTE AL DÍA O PROFUNDIZA

RETO SEMANAL

El Día 3 leímos sobre cómo Felipe compartía el evangelio en dos entornos distintos. La historia de Felipe revela la importancia de encontrarse con alguien en el punto en que se encuentra en su jornada de fe. Quizá seas tú quien plantes la primera semilla en la vida de alguien, o quizá seas el que le ve creer en Cristo. Es importante recordar que Dios hace la obra de preparar los corazones. Nuestro trabajo es obedecer su llamado a compartir las buenas nuevas. A continuación, encontrarás algunas sugerencias sobre cómo hacer esto. Pídele a Dios que te dirija a la opción correcta (incluso aunque no esté escrita abajo).

A. Pídele a Dios que te dé una cita divina como hizo con Felipe.

B. Pídele a Dios que traiga a tu mente un amigo o familiar con el que puedas hablar sobre su viaje espiritual.

C. Practica compartir las buenas nuevas con otro cristiano como preparación para compartirla con alguien que no sea creyente.

D. Escribe aquí tu propia respuesta:

VERSÍCULO PARA MEMORIZAR

"cómo Dios ungió a Jesús de Nazaret con el Espíritu Santo y con poder, el cual anduvo haciendo bien y sanando a todos los oprimidos por el diablo; porque Dios estaba con Él".
Hechos 10:38

SEMANA 4

Hechos 10-12

Años aproximados: 40-46 d. C.

LECTURA BÍBLICA DIARIA

Día 1: Hechos 10:1-33

Día 2: Hechos 10:34-48

Día 3: Hechos 11:1-18

Día 4: Hechos 11:19-30

Día 5: Hechos 12

Día 6: Salmos 87

Día 7: Para ponerte al día

Corresponde a los Días 323 y 324 de *La sinopsis de la Biblia*

RETO SEMANAL

Ver la página 118 para más información.

DÍA 1

HECHOS 10:1-33

LEE HECHOS 10:1-33

En Hechos 10 se produce un gran punto de inflexión en la vida de Pedro. No solo comenzó a cuestionarse sus tradiciones tan inculcadas en él, sino que también lo vemos ante una puerta que solo Dios podía haber abierto.

Repasa 10:1-8.

Aquí nos encontramos con Cornelio y vemos una descripción del tipo de hombre que era, tanto profesionalmente como espiritualmente. Lucas dedica un espacio significativo para hablar bien de Cornelio.

1. ¿Qué sabemos sobre las prácticas espirituales de Cornelio?

Cornelio era un hombre "temeroso de Dios". Aunque esto significaba que era respetado por los judíos e incluso tenía tradiciones similares, todavía había una distinción única entre Cornelio y los creyentes judíos. Un gentil (no judío) que temía a Dios no era considerado un creyente convertido hasta que fuera circuncidado. Y aun si fuera un gentil circuncidado, no podía relacionarse con los judíos por una razón sencilla: era un gentil. Es decir, hasta la revelación que se produce en el pasaje de hoy.

2. ¿Qué instrucciones específicas recibió Cornelio de un ángel en Hechos 10:5?

A pesar de saber poco sobre Pedro o el mensaje que debía comunicarles, Cornelio obedeció de inmediato y envió a buscar a Pedro, un hombre a quien nunca había conocido.

Repasa 10:9-16.

Mientras Pedro oraba, Dios usó algo fuera de lo común para hablarle: un éxtasis. Esta palabra puede parecernos extraña o confusa cuando tratamos de imaginar lo que sucedió; sin embargo, para Pedro, Dios estaba usando el momento para pintar un cuadro más claro.

3. ¿Qué mandato dio la voz del cielo cada vez que Pedro se negó a comer lo que era impuro? ¿Cuál era la razón?

Pedro estaba cada vez más preocupado por este mandato de Dios; de hecho, se negó a obedecer.

La sola repetición nos dice que Dios estaba tratando de hacerle entender algo que Pedro no estaba captando. Parecía estar más enfocado en su historial impecable (literalmente) que en ver lo que Dios intentaba mostrarle.

Repasa 10:17-29.

Mientras tanto, alguien llamó a la puerta, y tres soldados gentiles lo invitaron a acompañarlos a la casa de Cornelio, quien no solo era un gentil, sino también un centurión romano. Para Pedro, esto habría parecido incorrecto en muchos niveles, pero una cosa estaba clara: el Espíritu de Dios era quien estaba guiando esta interacción.

Nos resulta difícil comprender la magnitud de lo que ocurrió aquí. Que Pedro siquiera considerara entrar en la casa de un gentil es impactante; esto era inaudito en la fe judía.

Pero Pedro, el líder visible de la iglesia, representaba la obediencia de la iglesia al llamado de Dios en 1:8: ser sus testigos no solo en Jerusalén, Judea y Samaria, sino también "hasta los confines de la tierra". Para alguien que se aferraba tan firmemente a la letra de la ley, esto no era solo el fin de la tierra; podría haberle parecido el fin del mundo.

★ 4. Compara las emociones que pudo haber sentido Pedro mientras iba a Jope, con las emociones que Cornelio sintió cuando recibió a Pedro en su casa.

5. ¿Qué expresión de emoción mostró Cornelio cuando Pedro entró en su casa?

Quizá lo único que podría haber horrorizado más a Pedro que la idea de comer comida impura, era la idea de ser adorado por un hombre. Su corazón había sido cautivado por Jesús. Sabía que no hay otro Dios más que Él.

Observemos la distinción crucial que Pedro comprendió en 10:28: su visión no tenía que ver con comida.

★ 6. ¿Qué entendió Pedro que Dios *realmente* le había ordenado no llamar común o impuro?

¿Ves la aplicación a la que Dios lo llevó? Es la misma para nosotros también. Cualquiera que esté en Cristo ya no es impuro, sino que ha sido lavado completamente por la sangre de Jesús. Él es el juez de nuestras almas eternas, no nosotros. Es común juzgar a otros y mantener prejuicios como lo hizo Pedro, o incluso juzgarnos a nosotros mismos por nuestros pecados y fracasos pasados. Pero, si estás en Cristo, has sido limpiado completamente y para siempre. Y lo que Dios ha santificado, que nadie lo llame impuro.

Repasa 10:30-33.

Cornelio reunió con entusiasmo a una multitud porque sabía que Dios había mandado a Pedro comunicarle un mensaje. Sabía, más allá de toda duda, más allá de cualquier prejuicio, más allá de cualquier tradición humana, que ese era un encuentro divino y que Dios había estado escuchando sus oraciones.

DÍA 2

HECHOS 10:34-48

LEE HECHOS 10:34-48

Terminamos el estudio de ayer con algo de suspenso. Imagina la escena en la sala de estar de Cornelio: Pedro miró a su alrededor en la casa de un gentil, y numerosos rostros lo observaban con expectativa. A pesar de todas sus diferencias culturales, sabían una cosa con certeza: Dios les había enviado a Pedro. Mientras la multitud esperaba ansiosa, Pedro abrió la boca.

Repasa 10:34-36.

Esta proclamación, en los oídos de judíos y gentiles por igual, nos obliga a detenernos y comprender el peso de lo que Pedro estaba diciendo. Sus dos primeras frases por sí solas habrían causado que todos se quedaran boquiabiertos.

1. Describe a quién incluye Dios en su salvación. Observa la parte entre paréntesis y el peso que esta declaración tenía para la audiencia de Pedro.

Aunque esta noticia era buena, no era nueva. Para cualquiera que hubiera estado prestando atención, Dios ya les había dicho a sus seguidores que Él no era un Dios de separación, sino de unidad para todos los que invocaran su nombre.

2. Busca los pasajes del Antiguo Testamento y completa la siguiente tabla.

Pasaje	¿Quién hablaba?	¿Qué declaración se hizo?
Génesis 18:18		
Josué 4:24		
Isaías 19:25		

Repasa 10:37-43.

★ 3. ¿Dónde viste el evangelio presentado en este breve discurso?

4. ¿Dónde viste presentada la Gran Comisión (Mateo 28:18-20)?

Pedro habló de los profetas que anunciaron que este evangelio sería para todos los pueblos. Pero una Autoridad superior también se lo había mostrado con su ejemplo.

5. **Busca los pasajes del Nuevo Testamento y completa la siguiente tabla.**

Pasaje	¿Quién hablaba?	¿Qué declaración se hizo?
Lucas 24:47		
Mateo 24:14		
Mateo 28:19		

★ 6. ¿Qué revela esto sobre el carácter y la consistencia de Dios a lo largo del Antiguo y el Nuevo Testamento?

Repasa 10:44-48.

7. ¿Qué evento dejó "asombrados" a los creyentes judíos que estaban en la sala?

8. ¿Cuáles fueron las dos maneras en que se manifestó esto?

Aunque hablar en otras lenguas (idiomas) no siempre se observa en el momento de la conversión en la Escritura, este se convirtió en un momento de confirmación sagrada para Pedro y los otros creyentes judíos que estaban con él, mientras interactuaban con personas que hablaban un idioma diferente. Este pequeño grupo de judíos y gentiles reunidos en la casa de Cornelio experimentó su propia versión de lo que sucedió en Hechos 2, cuando el Espíritu Santo descendió en Pentecostés y personas de todas las lenguas fueron unidas al escuchar la Palabra.

9. En Hechos 10:47 Pedro hizo una declaración que afirmaba su unidad en el Espíritu. Completa los espacios en blanco de esta declaración:

> "¿Puede acaso alguien negar el agua para que sean bautizados estos que han recibido el Espíritu Santo ____ ________ _____ _________?".

A pesar de todas las preguntas que probablemente daban vueltas en la mente de Pedro y sus compañeros judíos durante su viaje a Jope, y podemos estar seguros de que eran muchas, una cosa era cierta: esto era real. Esto anuló su tradición de tribalismo y exclusión. Dios había usado su Espíritu para dejarlo absolutamente claro: Él no es un Dios que divide; Él es un Dios que une.

Entonces, estos nuevos creyentes fueron bautizados con agua, tal como habían sido bautizados con el Espíritu Santo. Este fue un momento de obediencia no solo para los nuevos creyentes, sino también para Pedro. Un claro reconocimiento de que Jesús es el Señor de *todos*.

10. Actualiza tu línea de tiempo (página 18) para registrar que, en el año 40, los primeros gentiles se convirtieron al cristianismo.

DÍA 3

HECHOS 11:1-18

LEE HECHOS 11:1-18

Mientras lees esta parte del relato de Lucas, ten cuidado con la tentación de pasar rápidamente por el pasaje. Aunque esta historia te resultará familiar por Hechos 10, recuerda que Lucas, bajo la inspiración del Espíritu Santo, la registró intencionalmente dos veces, aunque no sin añadir un par de giros nuevos para recordarla.

Repasa 11:1-3.

En lugar de gozarse por este reporte de que la Palabra de Dios había llegado a los gentiles, los judíos no podían superar lo que consideraban el comportamiento imprudente de Pedro al relacionarse con gentiles incircuncisos. Este "partido de la circuncisión" al que se refirió Lucas llegaría a ser conocido como los judaizantes: personas que creían que la circuncisión era un requisito para la salvación en Cristo. Los apóstoles y los judaizantes continuaron enfrentándose por este tema a lo largo del Nuevo Testamento.

★ 1. ¿Cómo sus prácticas humanas nublaron su aceptación del propósito y el plan de Dios?

Repasa 11:4-18.

Mientras los hermanos y las hermanas se enfocaban en que Pedro había comido con gentiles, Pedro comenzó desde el principio y explicó los eventos en orden. La actividad del Espíritu Santo se encuentra entrelazada en el inicio, el desarrollo y el final de esta historia, y todo fue confirmado por los seis hermanos que acompañaban a Pedro.

2. Completa la tabla a continuación para rastrear la actividad del Espíritu en este pasaje.

Versículo	Describe la actividad del Espíritu
11:5	Pedro tiene una visión
11:7	Una voz habla desde el cielo
11:12	
11:13	
11:15	
11:16	

3. ¿Qué reveló Pedro, conocido por sus experiencias en grupos de tres*, sobre su encuentro con el Espíritu en 11:10?

Pedro conocía a su audiencia. De pie ante un grupo de hombres y mujeres judíos que cumplían la ley, podía identificarse con su enojo y confusión. Si él mismo no hubiera vivido esta experiencia, probablemente habría tenido las mismas preguntas que ellos. Al relatar su experiencia, explicó que, al principio, se resistió firmemente a la orden del Espíritu.

4. **Vuelve a leer 11:12.** ¿Cómo supo Pedro que debía ir con los hombres que lo visitaron?

* Algunos de los momentos más importantes en la vida de Pedro estuvieron acompañados de comunicaciones en grupos de tres. Negó a Jesús tres veces (Lucas 22:54-62), y Jesús le preguntó tres veces si lo amaba (Juan 21:15-19).

Cuando el Espíritu habló a Pedro, seguramente recordó las palabras de Jesús en Juan 16:13: "Pero cuando Él, el Espíritu de verdad venga, los guiará a toda la verdad"; una promesa que aún se aplica a nosotros hoy.

5. Pedro lanzó su primer golpe en 11:17a. ¿Quién fue el catalizador de este evento?

Con esa sola frase, Pedro señaló cómo Dios había nivelado el terreno y derribado la barrera divisoria. Dios no hizo distinción. Les dio a los incircuncisos el mismo don que les había dado a los circuncisos cuando creyeron.

El segundo golpe aparece en 11:17b. Si Pedro hubiera estado sosteniendo un micrófono, habría sido apropiado que lo soltara y se bajara del escenario. ¿Qué más se podía decir? Marcó el mismo punto que Gamaliel, un fariseo, en 5:39: "pero si es de Dios, no podrán destruirlos; no sea que se hallen luchando contra Dios".

★ 6. ¿Qué revela la pregunta retórica de Pedro sobre el poder y la soberanía de Dios?

Cualquiera que sea la revelación que estés teniendo ahora, para los judíos del primer siglo fue aún más impactante.

En 11:18 vemos una pausa dramática y silenciosa. No tenían idea de qué decir.

A pesar de sus tres objeciones al inicio de estos eventos, Pedro experimentó un cambio total de rol; pasó a ser quien convenció a los judíos de la obra del Señor en los corazones de los gentiles. El Espíritu prendió un fuego en Pedro para guiar a la iglesia en una nueva dirección, y funcionó.

7. ¿Cuál fue su respuesta al escuchar el relato completo de Pedro?

8. Según 11:18, ¿quién fue el iniciador de la obra en la vida de los gentiles? ¿Cuáles fueron las dos cosas que les fueron concedidas?

Cuando el poder de Dios impulsa nuestras acciones, solo necesitamos obedecer su voz. Los gentiles se arrepintieron y recibieron vida eterna en Jesús porque Dios les concedió este don. Y los judíos no pudieron discutir contra eso.

DÍA 4

HECHOS 11:19-30

LEE HECHOS 11:19-30

Mientras algunos de los creyentes judíos glorificaban a Dios por esta puerta abierta a los gentiles, la emoción no era universal. Como hemos visto antes, la persecución de los seguidores del Camino había alcanzado un punto álgido; sin embargo, al intentar extinguir esta "secta" expulsando a sus miembros, los perseguidores de la iglesia no tomaron en cuenta el poder del Espíritu Santo. Su plan fue frustrado antes de comenzar.

Repasa 11:19-21.

1. **Busca la palabra *esparcidos* en un diccionario de griego.** ¿A qué se compara esta dispersión de discípulos?

Lucas menciona tres lugares a los que viajaron los discípulos. Anótalos en el siguiente mapa, pero pon una estrella junto a Antioquía. Esta es Antioquía de Siria, no debe confundirse con Antioquía de Pisidia, de la que hablaremos pronto. Esta Antioquía, conocida por su comercio marítimo y diversidad cultural, se convirtió en un lugar importante para el ministerio de los discípulos y futuros viajes misioneros.

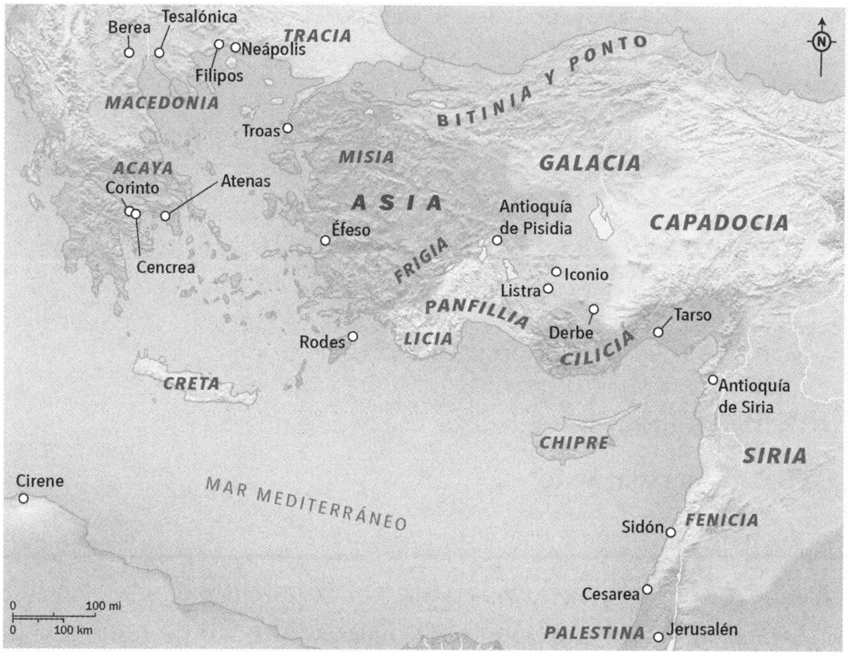

2. ¿A quiénes predicaron los discípulos en Antioquía?

★ 3. ¿Por qué crees que algunos solo hablaron acerca de Jesús con otros judíos?

El texto no nos lo dice específicamente, así que solo podemos especular, pero es posible que la noticia sobre Pedro y Cornelio aún no hubiera llegado a estos discípulos en particular. También es posible que los hábitos antiguos sean difíciles de romper y que todavía no quisieran relacionarse con gentiles. Lo importante es que el evangelio siguió siendo predicado y, debido a su fidelidad en compartirlo, la iglesia creció exponencialmente.

Repasa 11:22-24.

4. ¿Cuál fue el número exacto de creyentes añadidos en este tiempo?

Parece que la iglesia estaba creciendo tan rápidamente que dejaron de contar. Según su mejor estimación, eran *muchos*.

5. ¿Qué causó que la iglesia creciera a tal ritmo?

A. Persecución

B. La mano del Señor

C. Ambas

Mientras sus perseguidores los expulsaban de Jerusalén y Judea, la mano de Dios estaba sobre estos hombres y mujeres. Al tratar de deshacerse de los seguidores de Jesús en esa región, en realidad enviaron luz a la oscuridad para impactar a más personas para el reino.

Mientras tanto, a casi quinientos kilómetros de distancia, llegó a Jerusalén la noticia del crecimiento en Antioquía, por lo que Bernabé fue enviado a ver lo que estaba ocurriendo.

6. **Busca el significado del nombre Bernabé.** ¿Por qué parece adecuado para el impacto que tuvo en los creyentes durante esta visita?

★ 7. ¿Cómo exhortó a los creyentes? ¿En qué circunstancias actuales esto te anima a ser persistente y fiel?

Repasa Hechos 11:25-26.

Debido al crecimiento de la iglesia en ese momento, Bernabé se dio cuenta de que necesitaban refuerzos. Sabía que Saulo era el hombre indicado para el trabajo. Recuerda que Hechos abarca varias décadas. Aunque recientemente leímos sobre Saulo en Hechos 9, los eventos de hoy ocurrieron aproximadamente entre ocho y diez años después.

8. ¿Qué crees que pudo haber estado haciendo Saulo durante ese tiempo?

Por lo que llegamos a conocer de Saulo más adelante en sus cartas, era una máquina de hacer discípulos. Tal vez Bernabé, al ver la rápida adición de nuevos creyentes, sabía que era importante que estos hombres y mujeres fueran entrenados en las Escrituras. Después de encontrar a Saulo y llevarlo a Antioquía, los dos hombres permanecieron allí un año entero enseñando a esta creciente población de creyentes. Se volvieron tan notorios que la gente de la región inventó un nombre para este grupo.

9. ¿Cómo fueron llamados los discípulos? **Busca el significado de esta palabra en un diccionario de griego.**

Algunos estudiosos creen que *cristiano* significaba "pequeño Cristo". Aunque quizá el término fue originalmente despectivo, claramente se mantuvo y luego fue adoptado. Mientras los antagonistas de la iglesia querían que los creyentes bajaran la cabeza avergonzados, ¿qué mayor honor podía recibir un pecador perdonado que ser llamado "pequeño Cristo" o "seguidor de Cristo"? Aun cuando sufrían mayor persecución, los cristianos comenzarían a glorificar a Dios en ese nombre (1 Pedro 4:16).

Repasa 11:27-30.

10. ¿Cuál fue la respuesta de los discípulos ante esta profecía de una hambruna venidera?

A pesar de todas las dificultades que enfrentaron, este tema de unidad y benevolencia entre los creyentes continúa a lo largo del relato de Lucas.

DÍA 5

HECHOS 12

LEE HECHOS 12

Repasa 12:1-5.

Cuando ves el nombre de Herodes en el Nuevo Testamento, puede resultar un poco confuso porque, de hecho, hay varios Herodes en los libros de historia. Aunque podría ser más fácil ignorar la cuestión de quién es quién, nos perderíamos un dato importante sobre el estado del reino. Herodes el Grande es el que quizá conoces por la historia de la Navidad, el que intentó matar a Jesús (Mateo 2). Herodes Antipas mandó ejecutar a Juan el Bautista y estaba en el trono durante el juicio de Jesús. Herodes Agripa I es el que aparece en la historia de hoy. ¿Por qué importa esto? Porque la agenda política orgullosa de este Herodes en particular echaría gasolina al fuego del Espíritu Santo, para su desgracia.

1. Enumera los actos de crueldad que sufrió la iglesia a manos de Herodes en estos primeros versículos.

Santiago (Jacobo), el hermano de Juan, fue el primer apóstol martirizado y el segundo seguidor de Jesús que murió por su fe. La muerte de Santiago fue trágica, y revela la temperatura política del momento hacia la iglesia. Pero esta historia tiene más de lo que parece a simple vista.

Según *El libro de los mártires* de Foxe, cuando Santiago fue sentenciado a muerte, un hombre que lo había acusado se conmovió profundamente por la actitud del apóstol en su camino al lugar de ejecución. Para cuando llegaron, el acusador de Santiago, al haber observado el poder del Espíritu en su vida, hizo una profesión de fe en Cristo. Al final, el acusador de Santiago se convirtió en su hermano, y ambos fueron decapitados juntos por su fe en Jesús.[1]

2. ¿Por qué Herodes mandó encarcelar a Pedro?

Herodes encarceló a Pedro como un movimiento político para mantener la paz entre los judíos de la región y para inflar su propio ego.

Para la iglesia, la situación era grave. Esteban fue asesinado. Santiago fue decapitado. Pedro estaba en la cárcel.

★ 3. ¿Cómo respondió la iglesia?

La situación parecía desesperada. Probablemente no había nadie dentro del sistema que pudiera interceder por la liberación de Pedro, así que la iglesia apeló a un tribunal superior. Notemos que la situación no provocó pánico, sino que provocó oración.

Repasa 12:6-11.

4. Describe el nivel de seguridad en la prisión de Pedro.

Era humanamente imposible que Pedro escapara. Entra en escena un ángel del Señor.

5. ¿Qué estaba haciendo Pedro cuando el ángel apareció?

El ángel tuvo que golpearlo para despertarlo. ¡Qué paz debía tener Pedro para estar dormido en circunstancias tan difíciles e incómodas! El ángel le quitó las cadenas, y Pedro se deslizó fuera de la vigilancia de los guardias, pasó junto a los centinelas en las puertas, y salió por las puertas de hierro de la ciudad. Todo esto sucedió en la misma noche en que Pedro debía ser llevado ante Herodes.

Repasa 12:12-19.

Seguro que te encanta Rode, ¿verdad? Imagina la escena cuando la iglesia estaba reunida en la casa de María. Esta reunión de oración intercesora parecía estar dedicada a un solo propósito: la liberación de Pedro. Cuando Rode respondió a los golpes en la puerta, quien estaba parado frente a ella era la respuesta misma a sus oraciones. ¿Y qué hizo ella? Lo dejó afuera en el frío. Tal vez por eso los demás no creyeron su reporte. Imagina que le dijeron: *"Si lo que dices es cierto, entonces, ¿dónde está?"*.

6. Cuando finalmente salieron a la puerta y vieron a Pedro de pie frente a ellos, ¿qué les dijo él que hicieran?

Podrías estar pensando: *¿Pedro no sabe que Santiago está muerto?* Pero este era un Santiago diferente. El Santiago que fue decapitado era el hermano de Juan. Pedro se refería a Santiago, el hermano de Jesús, quien ahora se presumía que era el líder de la iglesia en Jerusalén. Esta noticia habría sido un gran aliento para la iglesia perseguida.

Al enterarse de la fuga de Pedro, Herodes tenía dos opciones ante él.

7. Conociendo su ego y su deseo de complacer a los judíos, ¿cuál de las siguientes opciones crees que era más probable que llevara a cabo Herodes?

A. Reconocer que había ocurrido un acto del único Dios verdadero.

B. Acusar a los soldados de conspiración y hacer que los mataran.

El orgullo de Herodes continuó llevándolo hacia su propia ruina.

Repasa 12:20-25.

8. ¿Por qué un ángel del Señor hirió de muerte a Herodes?

Observemos el orden de los eventos en la muerte de Herodes. ¿Te diste cuenta? El texto no dice que Herodes murió y luego fue comido por gusanos, sino que fue comido por gusanos *y luego* murió. Dios no puede ser burlado.

En Hechos 12 nos enfrentamos a una realidad difícil. En este capítulo, un apóstol es ejecutado; otro es rescatado. ¿Fueron las oraciones por Santiago menos fervientes? ¿La iglesia no tuvo suficiente fe para su rescate? ¿Dios amaba más a Pedro que a Santiago?

★ 9. ¿Ha habido un momento en tu vida en el que te hayas hecho preguntas similares?

Para encontrar paz en medio del dolor y la confusión, vuelve a leer 12:24.

10. Actualiza tu línea de tiempo (página 18) para anotar el tercer resumen de actualización sobre el crecimiento de la iglesia, registrada en 12:24.

No estamos viviendo nuestra historia. Estamos viviendo *su* historia. Dios demostró que aún estaba obrando. El mal no había vencido. Su historia continuaría.

Llevando consigo a Juan Marcos, el que pronto sería el autor del Evangelio de Marcos, Saulo y Bernabé continuaron su labor de extender el evangelio. Sin importar lo que estos primeros cristianos enfrentaran, no podían dejar de hablar de lo que Dios estaba haciendo. Descubrieron que incluso en el sufrimiento, ¡ Él está donde se encuentra el gozo!

11. ¿Qué fue lo que más captó tu atención en el estudio de esta semana? ¿Por qué?

12. ¿Qué aprendiste o volviste a aprender sobre Dios y su carácter esta semana?

DÍA 6

SALMO CORRESPONDIENTE Y ORACIÓN

LEE SALMOS 87

1. ¿Qué correlación ves entre Salmos 87 y el estudio de esta semana?

2. ¿Qué partes de este salmo captan más tu atención?

3. Termina haciendo esta oración en voz alta:

Padre,

Tú no muestras parcialidad. En cada nación, cualquiera que te teme es aceptable a ti. Tú has planeado esto desde el principio; eres el Creador de cada nación, y de cada nación llamas a tu pueblo. ¡Has dicho a tu pueblo desde siempre que eres Señor de todos!

Admito que me he puesto en tu justo lugar, haciéndome juez. He declarado a otros como comunes e impuros. Me he declarado a mí mismo como común e impuro. Perdóname, Señor, por creer y decir mentiras sobre quienes llevan tu imagen, incluidos tus hijos.

Tú conviertes huérfanos en tus hijos. Haces de enemigos hermanos y hermanas. Transformas a extraños en familia. Recuérdanos que en ti estamos unidos. Guíanos por el camino de la unidad. Enséñanos que la unidad y, de hecho, cada una de nuestras bendiciones, viene de ti.

Te rindo mi vida Señor; en cada momento de mi día y en cada decisión que tome, cedo mi voluntad y mis caminos a tu perfecta voluntad y tus caminos.

Yo también te amo. Amén.

DÍA 7

DESCANSA, PONTE AL DÍA O PROFUNDIZA

RETO SEMANAL

En Hechos 11, después de superar la incomodidad de cruzar las líneas que dividían a judíos y gentiles, Pedro experimentó la bendición que llega cuando "los hermanos habitan juntos en armonía" (Salmos 133:1). El gozo de Pedro se desbordó hacia sus compañeros creyentes judíos en Jerusalén. Lo que antes había sido un punto de conflicto ahora había hecho aún más fuerte al cuerpo de Cristo.

¿Hay alguna área de división entre tú y otro creyente, quizá incluso entre otras comunidades de creyentes? ¿Hay alguien en el cuerpo con quien te estés perdiendo el gozo de la unidad simplemente por diferencias personales, culturales o tradicionales? Estamos unidos con otros creyentes por la eternidad, pero de alguna manera permitimos que nuestras diferencias nos dividan en el presente, perdiéndonos la plenitud del gozo que Jesús tiene para nosotros. Busca cerrar las brechas en el cuerpo de Cristo y construir unidad por el bien del reino.

SEMANA 5

Hechos 13-15

Años aproximados: 47†-51 d. C.

VERSÍCULO PARA MEMORIZAR

"Nosotros somos testigos de todas las cosas que hizo en la tierra de los judíos y en Jerusalén. Y también le dieron muerte, colgándolo en una cruz".
Hechos 10:39

LECTURA BÍBLICA DIARIA

Día 1: Hechos 13:1-12

Día 2: Hechos 13:13-52

Día 3: Hechos 14

Día 4: Hechos 15:1-21

Día 5: Hechos 15:22-41

Día 6: Salmos 16

Día 7: Para ponerte al día

Corresponde a los Días 325 y 327 de *La sinopsis de la Biblia*

RETO SEMANAL

Ver la página 141 para más información.

DÍA 1

HECHOS 13:1-12

LEE HECHOS 13:1-12

Repasa 13:1-3.

El pasaje de hoy cubre el primero de los tres viajes misioneros de Saulo en el libro de Hechos. Lucas presenta la escena con cinco profetas y maestros adorando en la iglesia de Antioquía. A estas alturas en nuestro estudio, ya estamos familiarizados con el turbio pasado de Saulo; pero él no es el único con un pasado.

1. ¿De quién fue amigo de toda la vida Manaén, según 13:1?

Este es el mismo Herodes que presidió uno de los juicios de crucifixión de Jesús y que decapitó a Juan el Bautista (Marcos 6:14-29). Y algunos estudiosos creen que el Simón mencionado en este pasaje es el mismo Simón que cargó con la cruz de Jesús (Lucas 23:26). Vemos este patrón repetirse a menudo en Hechos: antiguos enemigos unidos en el ministerio bajo la gracia y misericordia de Jesucristo. Verdaderamente, el evangelio en acción.

2. En 13:2, ¿cuál de estas frases dice el Espíritu Santo con respecto a Bernabé y Saulo?

A. "Apártenlos para la obra a la que estoy a punto de llamarlos" (tiempo futuro).

B. "Apártenlos para la obra a la que los estoy llamando" (tiempo presente).

C. "Apártenlos para la obra a la que los he llamado" (tiempo pasado).

★ 3. ¿Crees que Dios ha puesto un llamado en tu vida? Si es así, ¿cuál es?

Muchos estudiosos consideran Hechos 13:3 como la primera vez que los creyentes fueron enviados intencionalmente por una iglesia a otro lugar para predicar el evangelio.

★ 4. Además de orar, ¿qué estaban haciendo en 13:3 antes de enviar a Pablo y Bernabé? ¿Qué habían estado haciendo en 13:2 además de adorar?

Esta es la primera mención del ayuno colectivo en Hechos, pero sabemos que Pablo ayunó individualmente en Hechos 9:9. A lo largo de la Escritura vemos algunas razones para ayunar: arrepentimiento, duelo, examen del corazón, y otras. Pero aquí, ayunaban para prepararse. Notemos que no lo hacían como un fin en sí mismo, porque el ayuno no es solo abstenerse de algo; significa conexión *con* algo. Ayunaban y adoraban. Ayunaban y oraban. El ayuno era un medio de conexión con Dios.

Repasa 13:4-12.

5. En el Mapa del viaje uno (página 15), marca cada parada del comienzo del viaje de Saulo y Bernabé, basándote en 13:4-6.

Mientras predicaban a lo largo de Chipre (la tierra natal de Bernabé), proclamaban la palabra de Dios primero en las sinagogas. En sus viajes misioneros, Pablo llevó el evangelio primero a los judíos y luego a los gentiles. Ese proceso fue el plan de Dios desde el principio de la Escritura, y seguiremos viendo cómo se desarrolló perfectamente para extender el evangelio a todas las naciones.

El Juan mencionado en 13:5 es el mismo Juan Marcos que conocimos en Hechos 12:25. Toma nota de su presencia, porque más adelante causará algo de drama.

6. ¿Por qué otro nombre es conocido Saulo, según 13:9?

Existe una idea errónea muy común de que el nombre de Saulo fue cambiado a Pablo en su conversión en Hechos 9. En realidad, como ciudadano tanto de Israel como del Imperio Romano, probablemente le dieron ambos nombres al nacer. Este es el primer momento en que la Escritura menciona que Saulo (su nombre judío) también era conocido como Pablo (su nombre romano/gentil). A partir de este punto en Hechos, se le llama Pablo. Sin embargo, no fue un cambio de nombre dado por Dios, como sucedió con Abram/Abraham y Jacob/Israel en Génesis.

Debido a que Saulo llevaría el evangelio a las naciones gentiles, usó la versión gentil de su nombre (Pablo). No es muy diferente a alguien llamado John que es llamado Juan en países de habla hispana. De hecho, es probable que en sus círculos judíos Pablo siguiera siendo llamado Saulo.

7. Actualiza tu línea de tiempo (página 18) para registrar que en el año 47[†], Pablo y Bernabé comenzaron su primer viaje misionero.

8. Según 13:11-12, ¿qué llevó al procónsul a creer?

Al igual que en la experiencia de Saulo en el camino de Damasco, la ceguera fue lo que condujo a la vista. Solo que esta vez, la ceguera de Elimas condujo a la vista espiritual del procónsul. Dios usó lo que Satanás intentó para impedir el evangelio, es decir, la oposición de Elimas, y lo transformó para bien, llevando salvación a un gobernador romano.

DÍA 2

HECHOS 13:13-52

LEE HECHOS 13:13-52

El pasaje de hoy continúa el primer viaje misionero de Pablo y Bernabé.

Repasa 13:13-16a.

1. En el Mapa del viaje uno (página 15), dibuja su trayecto en barco desde Pafos hasta Perge, en Panfilia.

2. En 13:13, ¿qué cambió acerca de nuestro trío?

Ten en cuenta esa partida, porque desempeñará un papel clave más adelante en este viaje misionero. Después de Perge, Pablo y Bernabé continuaron solos, viajando hacia el norte aproximadamente 190 kilómetros hasta Antioquía de Pisidia. Esta es una Antioquía diferente de la que hemos estado leyendo hasta ahora, y se encuentra en las montañas de la actual Turquía. Esta región era conocida generalmente como Galacia, un nombre que podemos reconocer por la carta que Pablo escribiría a las iglesias de la región.

3. En el Mapa del viaje uno, dibuja una línea desde Perge hasta Antioquía de Pisidia para marcar el viaje de Pablo y Bernabé, y dibuja una línea hacia el lugar al que regresó Juan Marcos.

En Antioquía de Pisidia, Pablo y Bernabé fueron a la sinagoga en el día de reposo. Un servicio en la sinagoga en aquella época seguía un orden estándar: oraciones de apertura, una lectura de la Ley (el Pentateuco) y luego una lectura de los Profetas. Después, si había presente una persona instruida, se le invitaba a hablar. Aquí entra en escena Pablo.

Repasa 13:16b-33.

★ 4. ¿Por qué pudo haber sentido Pablo la necesidad de establecer tanto fundamento bíblico en 13:16-33? Consulta 13:32-33 en la NVI para guiar tu respuesta, si es necesario.

A. Para presumir su conocimiento bíblico

B. Porque su audiencia no estaba familiarizada con las Escrituras

C. Para llenar tiempo

D. Para ilustrar que Jesús es el cumplimiento de lo que Dios prometió a sus padres

Hasta 13:22 los oyentes de la sinagoga habrían reconocido y estado de acuerdo con todo lo que Pablo decía, pues lo conocían por la Escritura. Tal vez notaron cuán perfectamente cada pasaje fluía hacia el siguiente, como si todo fuera parte de la misma historia, ¡porque en verdad lo era! Pero para estos judíos del primer siglo, el contenido de 13:23 habría sido el momento de máxima atención. Pablo les dijo que Jesús era el Salvador prometido de la descendencia de David.

★ 5. Según el orden estándar del servicio en la sinagoga mencionado antes, ¿qué se habría leído inmediatamente antes de que Pablo fuera invitado a hablar? En 13:27, ¿qué dijo Pablo que ellos no entendieron?

Repasa 13:34-52.

Pablo procedió a explicarles *exactamente* cómo se cumplieron las palabras de los profetas. Citó un salmo tras otro y profecía tras profecía, revelándoles las maneras en que las mismas palabras que habían recitado cada día de reposo fueron cumplidas en su propia generación por Jesús. Luego, les hizo una advertencia seria que, en sí misma, era una profecía cumpliéndose en ese mismo momento.

6. Usa 13:40-41 para llenar los espacios en blanco en la cita de Pablo del profeta Habacuc, la cual él introdujo con: "Tengan, pues, cuidado de que no venga sobre ustedes aquello de que se habla en los profetas:

> "Porque Yo hago una obra en sus días, _____ _____ _____
> _______ _____ _______ _______ _______ ____ ____
> ________".

Existe una idea errónea sobre este versículo. A menudo, la Escritura habla de actos gozosos y maravillosos de Dios en favor de su pueblo. Sin embargo, este versículo en Habacuc se refiere a una advertencia que Dios dio a su pueblo rebelde: estaba levantando a los caldeos para destruirlos. Este versículo habría sido un llamado de atención con agua fría, no una manta reconfortante.

Aunque Pablo predicó un mensaje desafiante, la gente le rogó que regresara; sin embargo, la semana siguiente no recibió una acogida tan amable. Aquí, Dios reveló su tiempo soberano y el plan que había tenido desde el principio. Pablo y Bernabé hablaron con valentía, revelando que la Palabra siempre debía ser anunciada primero a los judíos, pero que ahora la llevarían a los gentiles. Y esta se propagó como un fuego.

7. En el Mapa del viaje uno, sombrea el área para ilustrar cómo el evangelio se extendió por toda la región.

Sacudirse el polvo de los pies era algo que los judíos hacían al salir de una ciudad gentil, significando que no se llevaban consigo la esencia de ese lugar cuando se marchaban. Aquí Pablo, un judío, sacudió el polvo de la persecución de los judíos, indicando que lo único que se llevaba con él era gozo y el Espíritu Santo.

DÍA 3

HECHOS 14

LEE HECHOS 14

Repasa 14:1-7.

Iconio era considerada la capital de Licaonia, una vasta región al norte de las montañas del Tauro, en lo que hoy es Turquía. Como resultado del trabajo perseverante de Pablo y Bernabé en la sinagoga, una gran multitud en Iconio creyó, tanto judíos como gentiles.

En 14:2-4 las cosas se pusieron difíciles para Pablo y Bernabé en esta ciudad, pero siguieron adelante.

1. **Llena los espacios en blanco a continuación.**

> "Con todo, se detuvieron allí mucho tiempo hablando valientemente, confiados en el Señor que confirmaba la palabra de su gracia, concediendo que se hicieran ________ y ________ por medio ____ _____ _______" (Hechos 14:3).

> "Porque _______ __________ ____ ______, creados en Cristo Jesús para _______ ______, las cuales Dios _________ ____ ___________ a fin de que las _________ en práctica" (Efesios 2:10 NVI).

Dios usó las manos de Pablo y Bernabé para el trabajo, pero nosotros somos la obra *de Dios*. El trabajo que Dios hizo a través de Pablo y Bernabé era un trabajo que Él había planeado de antemano para esa región específica y esas personas exactas; Pablo y Bernabé fueron simplemente los instrumentos. Lo mismo sucede con nosotros, cuando nos alineamos con la poderosa obra de Dios.

Repasa Hechos 14:8-18.

Después del intento de apedrearlos, Pablo y Bernabé viajaron a Listra, otra ciudad en Licaonia, donde Pablo fue, una vez más, el instrumento para una sanidad. La Escritura dice que el hombre no solo se levantó, ¡sino que "dio un salto"!

Los lugareños estaban tan asombrados por el milagro, que confundieron a Pablo y Bernabé con dioses griegos y rápidamente trataron de honrarlos como tales. Su rapidez pudo haber estado motivada por una leyenda local de que los dioses griegos Hermes y Zeus alguna vez visitaron Listra disfrazados de mortales, y cuando nadie, excepto una pareja mayor, los honró, destruyeron a todos excepto a esa pareja. De todos modos, aunque los lugareños fueron rápidos en tratar de honrarlos como dioses, Pablo y Bernabé fueron aún más rápidos en asegurarles que eran solo hombres, y solo Dios es Dios.

2. Según 14:17, ¿qué testigos terrenales proporciona Dios para toda la humanidad?

Muchos teólogos se refieren a estas bendiciones terrenales como gracia común: las cosas buenas aquí en la tierra que apuntan a la bondad de Dios y que están disponibles incluso para aquellos que aún no reconocen al Dios que los creó.

Repasa 14:19-23.

¡Qué giro! Primero, la gente de Listra intentaba desesperadamente tratar a Pablo y Bernabé como dioses. Entonces, unos cuantos versículos después, las mismas multitudes fueron persuadidas por judíos que les habían seguido desde sus últimos encuentros de predicación en Antioquía de Pisidia e Iconio, para apedrear a Pablo.

3. ¿Qué dice 14:20 que ocurrió cuando los discípulos se reunieron alrededor de él? ¿Qué crees que significa eso?

No sabemos si Pablo fue muerto y resucitado o si simplemente fue sostenido milagrosamente durante este apedreamiento. Algunos teólogos sospechan que la visión celestial que Pablo describió en 2 Corintios 12 tuvo lugar aquí.

En cualquier caso, cuando Pablo se levantó, no se dio por vencido ni se fue a casa. Él y Bernabé fueron a Derbe, luego *regresaron* a Listra, donde él había sido apedreado. El Espíritu Santo le dio una valentía inmensa.

4. Después de que Pablo fortaleció y animó a los creyentes en 14:22, ¿qué dijo?

A. Dios nunca nos pedirá que suframos

B. La caminata cristiana puede incluir algo de tribulación

C. A través de muchas tribulaciones entraremos en el reino de Dios

★ 5. ¿Coincide esto con tus expectativas sobre la vida cristiana? Explícalo.

★ 6. Basado en lo que le ocurrió a Pablo justo antes de esto, ¿cuál crees que sería su aspecto físico? ¿Qué impacto crees que eso podría haber tenido en sus oyentes?

A veces es tentador creer que el testimonio más impactante para los demás sería una vida de bendición. Sin embargo, a lo largo de los Evangelios vemos que el sufrimiento por las buenas nuevas a menudo sirvió como un catalizador para que otros vinieran a la fe.

Pablo y Bernabé no solo volvieron a visitar estos lugares de alta tensión, sino que permanecieron allí el tiempo suficiente para fortalecer las iglesias de modo que pudieran prosperar en su ausencia y hacerlo con sabiduría y discernimiento. Nombraron ancianos, y esta es la primera vez que vemos mención de esta práctica en Hechos. Estos ancianos eran líderes locales que podían servir como pastores en estos rebaños locales. Observemos que, al igual que cuando Pablo y Bernabé fueron nombrados y enviados al comienzo de su viaje, estos ancianos fueron nombrados y comisionados aquí con oración y ayuno.

Repasa 14:24-28.

Al final de su primer viaje misionero, Pablo y Bernabé regresaron a casa, a la iglesia que los envió que estaba en Antioquía de Siria.

7. ¿Qué declararon que había sido abierto a los gentiles? Dibuja este concepto a continuación.

DÍA 4

HECHOS 15:1-21

LEE HECHOS 15:1-21

El estudio de hoy cubre un evento único en la historia de la iglesia primitiva: el Concilio de Jerusalén. Fue una reunión de líderes de la iglesia para determinar qué se requería de los conversos gentiles al cristianismo.

Repasa 15:1-5.

1. Actualiza tu línea de tiempo (página 18) para registrar que el Concilio de Jerusalén ocurrió en el año 50.

El concilio se inició debido a lo que sucedió en 15:1-2.

2. ¿Qué dijo Lucas sobre la magnitud de este desacuerdo con respecto a la circuncisión?

Este era un tema muy importante en la iglesia primitiva. El número de creyentes gentiles estaba creciendo rápidamente, y la gente se preguntaba qué debía hacerse. No solo los judíos estaban en desacuerdo al respecto, ya que los gentiles también querían saber qué se requería de ellos.

Pablo, Bernabé y algunos otros de Antioquía de Siria fueron designados para ir a Jerusalén a reunirse con los apóstoles y los ancianos allí. Pero incluso en esta importante misión, no pudieron resistirse a difundir un poco de alegría en el camino.

3. En el mapa de abajo, traza su viaje desde Antioquía de Siria a través de Fenicia y Samaria hasta Jerusalén.

Cuando Pablo, Bernabé y su grupo llegaron a Jerusalén, fueron bien recibidos, pero algunos fariseos que eran creyentes se levantaron para hablar.

Observemos que Lucas mencionó a *fariseos que eran creyentes* en este punto de la historia. Cuando leemos sobre la vida de Cristo, generalmente encontramos a los fariseos como un grupo de corazón endurecido que se oponía a Jesús. Pero incluso en el tiempo de Jesús, el fariseo Nicodemo se acercó a él para aprender más. Y aquí en el concilio, aunque estos fariseos fueron aparentemente los primeros en presentar argumentos, eran fariseos que creían en Jesús en lugar de oponerse a Él. Los que asistieron a este concilio realmente deseaban discernir la voluntad de Dios.

Algunos creían sinceramente que los conversos gentiles debían primero entrar en el judaísmo a través de la circuncisión y vivir bajo la ley de Moisés *antes* de entrar en la fe cristiana.

4. **Lee Éxodo 12:48-49.** ¿Qué partes de este pasaje podrían haber usado los fariseos como apoyo bíblico para esa afirmación?

Durante toda su vida, habían vivido bajo la ley mosaica. La Escritura era clara sobre ciertos requisitos para los extranjeros que entraban en el judaísmo. Así que, al estudiar este concilio hoy, ten en cuenta que esta no era una conversación entre enemigos o judíos que se oponían entre sí. Estas personas querían discernir la voluntad de Dios para lograr unidad en este asunto.

Repasa 15:6-21.

El relato de Lucas sobre la reunión del Concilio de Jerusalén parece un quién es quién de la iglesia primitiva. Entre los oradores estaban Pedro, Pablo, Bernabé, Simeón y Santiago (el medio hermano de Jesús, no el discípulo).

★ 5. Empareja cada orador con la evidencia que presentaron ante el concilio. Ten en cuenta que algunos oradores tendrán más de una pieza de evidencia para relacionar con su nombre.

Orador	Evidencia
	Según Amós 9:11-12, el plan de Dios siempre fue que los gentiles fueran llamados por su nombre, no que los gentiles se convirtieran en judíos.
Pedro	Dios primero visitó a los gentiles para tomar de entre ellos un pueblo para su nombre.
Bernabé y Pablo	Las señales y maravillas que Dios hizo entre los gentiles a través de ellos probaron que Dios ya estaba obrando sin que ellos fueran circuncidados.
Simón	Desde el principio de la historia de Israel, nunca han sido capaces de guardar la ley. ¿Por qué imponerles a los gentiles algo que ni ellos mismos han podido soportar?
Santiago	Los corazones cristianos son purificados por la fe, no por las obras.
	Dios les dio el Espíritu Santo a los gentiles, tal como lo hizo con ellos. Entonces, si Dios ya los ha reconocido como receptores plenos de su obra, ¿por qué no deberían serlo?

En base a estos testimonios, Santiago determinó que no debían imponer la circuncisión a los gentiles seguidores de Cristo.

6. En la lista de abajo, marca lo que Santiago dijo que debían abstenerse de hacer.

- Cosas contaminadas por ídolos
- Inmoralidad sexual
- Carne de animales estrangulados
- Sangre

Quienes alguna vez hayan comido un pollo estrangulado en una granja (lo que probablemente incluye a todos los que han comido pollo) podrían preguntarse a qué se referían exactamente con esto. Es aquí donde el conocimiento cultural ayuda a entender por qué la circuncisión no se consideró necesaria, pero estas cosas sí. El hecho de que un cristiano gentil no *tuviera* que adoptar la ley de Moisés no significaba que un cristiano judío estuviera obligado a *abandonarla*. Así que las cuatro abstenciones mencionadas aquí se relacionan con la unidad entre todos los creyentes.

Las cuatro estaban relacionadas con las leyes ceremoniales en Levítico 17-18. El tema de la inmoralidad sexual no solo se aplicaba a las relaciones fuera del matrimonio, sino que también prohibía el matrimonio entre la mayoría de los parientes cercanos. Estos matrimonios habrían sido una piedra de tropiezo para los judíos, pero eran culturalmente aceptables para la mayoría de los gentiles. Las otras tres abstenciones estaban relacionadas con prácticas alimenticias que de otro modo impedirían a los creyentes judíos y gentiles compartir comidas juntos. Estas abstenciones no tenían que ver con añadir requisitos para la salvación, sino con promover la unidad entre los creyentes.

★ 7. ¿Alguna vez has decidido abstenerte de algo para promover la unidad con otro creyente? ¿O alguien lo ha hecho por ti? Si es así, describe la experiencia.

DÍA 5

HECHOS 15:22-41

LEE HECHOS 15:22-41

Repasa 15:22-35.

El pasaje de hoy retoma los resultados de la decisión del Concilio de Jerusalén. Escribieron una carta explicando sus conclusiones y enviaron a hombres escogidos para acompañarla.

1. ¿Quién fue enviado además de Pablo y Bernabé?

Esto puede parecer un detalle menor al principio. Pero presta atención a su mención, porque en el pasaje de hoy veremos otro ejemplo de la increíble soberanía de Dios en los detalles: la manera en que provee y planea de antemano *para* su pueblo y *con* su pueblo.

La carta explicaba su decisión de no imponer "ninguna carga mayor" que cuatro requisitos específicos.

2. ¿Cuáles fueron? ¿Y cuál fue la intención detrás de elegir estos cuatro? (Consulta el final del estudio de ayer si es necesario).

Los cuatro hombres llevaron los cuatro requisitos primero a Antioquía de Siria.

3. ¿Cuál fue la respuesta de la iglesia en Antioquía?

★ 4. Verdadero o falso: Tan pronto como leyeron la carta, Pablo, Bernabé, Judas y Silas partieron de inmediato hacia el siguiente destino. Explica tu respuesta.

Repasa 15:36-41.

Aquí vemos un modelo de cómo la iglesia primitiva crecía en amplitud *y* profundidad. A lo largo de Hechos, Lucas describe cifras asombrosas de personas que venían a la fe. Y la iglesia continuó creciendo a medida que el evangelio se extendía por esas regiones, cumpliendo las palabras de Jesús en 1:8: "y serán Mis testigos en Jerusalén, en toda Judea y Samaria, y hasta los confines de la tierra". Y, sin embargo, en medio de todo este crecimiento numérico y geográfico, Pablo básicamente le dijo a Bernabé: "*Volvamos a cada ciudad por donde hemos pasado y veamos cómo están todos*".

Aunque la multiplicación del número de creyentes en ese tiempo fue milagrosa e impresionante, el objetivo de Pablo no era simplemente ver cuántas personas podían venir a la fe. Había un claro énfasis en invertir en estas comunidades donde se había plantado la semilla de la fe, para enseñar y animar a los nuevos creyentes a convertirse en personas fuertes y fieles, para cuidar ese crecimiento.

5. ¿A quién quería llevar Bernabé con ellos? ¿Por qué se opuso Pablo?

No sabemos la razón por la que este colaborador abandonó la misión en Panfilia. Tal vez Pablo sintió que no debían llevar a alguien que ya había demostrado que no se quedaría cuando las cosas se pusieran difíciles. Lo que sí sabemos es que esto causó un gran desacuerdo que llevó a la separación del dúo dinámico de Pablo y Bernabé, tomando caminos separados. Pero espera a ver lo que Dios hace.

6. En el Mapa del Viaje Dos (página 16), traza los viajes separados de Pablo y Bernabé en Hechos 15:39-41.

7. Actualiza tu línea de tiempo (página 18) para registrar que en el año 51 comenzó el segundo viaje misionero de Pablo y Bernabé.

Lo que había sido un dúo dinámico ¡se convirtió en dos! Dios envió a Bernabé y a Juan Marcos de regreso a Chipre, mientras que Pablo tomó a Silas y pasó por Siria y Cilicia. Así que, antes de lamentar la separación del equipo, notemos lo que acaba de suceder aquí. Dios usó la discordia humana para cumplir sus propósitos y producir de ella algo bueno, incluso algo mejor. Es probable que Pablo y Bernabé llevaran en sus corazones el peso de esa fractura en su relación; sin embargo, Dios les dio a cada uno un nuevo compañero y una nueva comunión, y duplicó los lugares donde el evangelio estaba siendo sembrado y cuidado. Alabado sea Dios por ser un Padre así.

A Satanás le encanta usar peleas y discordias para hacernos sentir descalificados, para hacernos pensar que nuestras relaciones están tan dañadas que nunca podríamos ser útiles para el Señor. Pero Dios no llama a los que están sin pecado; llama a aquellos a quienes Él santificará.

★ 8. Escribe una oración por tus relaciones, pidiendo a Dios que las fortalezca, restaure y redireccione para sus mejores propósitos y planes, en lugar de lo que Satanás pretendía para mal. Luego, observa lo que Dios hace con ello.

Recuerda que la iglesia primitiva crecía tanto en amplitud como en profundidad. Dios estaba formando un pueblo para sí mismo de todas las naciones, para que se sentaran juntos a la misma mesa y permanecieran en esa mesa metafórica mientras crecían en la fe.

La carta del Concilio de Jerusalén de hoy trataba sobre la unidad: ¿Cómo podían estos grupos de diferentes culturas sentarse juntos a la misma mesa con Jesucristo a la cabeza? La unidad entre estos creyentes era contracultural y sin precedentes. Y ese es el evangelio de Jesucristo. Él es donde está la unidad. Él es donde está la restauración. Y Él es donde está el gozo.

9. ¿Qué fue lo que más captó tu atención del estudio de esta semana? ¿Por qué?

10. ¿Qué aprendiste o volviste a aprender sobre Dios y su carácter esta semana?

DÍA 6

SALMO CORRESPONDIENTE Y ORACIÓN

LEE SALMOS 16

1. ¿Qué correlación ves entre Salmos 16 y el estudio de esta semana?

2. ¿Qué partes de este salmo captan más tu atención?

3. Termina haciendo esta oración en voz alta:

Padre,

Tú creaste la vida y das vida en abundancia. Enviaste a Jesús para cumplir las promesas que hiciste a sus antepasados terrenales; y cuando lo envíes nuevamente, Él cumplirá las promesas que has hecho a todos tus hijos. Por tu gran amor, estamos seguros y firmes cuando nos unimos a David y decimos: "Ningún bien tengo fuera de ti".

Sin embargo, confieso que he buscado el bien en otros lugares. He fijado mi mirada en lo temporal, no en lo eterno. Me he enfocado en lo que no tengo, en lugar de enfocarme en lo que me has dado. Me he obsesionado con las cosas del mundo, y no con las cosas de tu reino.

Ayúdame a recordar que solo en tu presencia hay plenitud de gozo. Revélame el llamado que tienes para mi vida en la expansión de tu reino. Recuérdame que debido a tu llamado, aun en medio de las pruebas, puedo decir: "Me han tocado en lugares agradables". Muéstrame que realmente tengo una hermosa herencia.

Guíame. Aconséjame. Instrúyeme. Rindo mi vida a ti, Señor; en cada momento de mi día y en cada decisión que tome, cedo mi voluntad y mis caminos a tu perfecta voluntad y camino.

Yo también te amo. Amén.

DÍA 7

DESCANSA, PONTE AL DÍA O PROFUNDIZA

RETO SEMANAL

El estudio de esta semana cubre un par de momentos en los que miembros de la iglesia primitiva ayunaron junto con otra práctica espiritual, como la adoración o la oración. En estos pasajes, el ayuno se realizaba en un tiempo de preparación, comisión o envío de alguien con un propósito. En la Escritura, el ayuno siempre implicaba abstenerse de comida. Separa un periodo de tiempo esta semana para ayunar y dedicar tiempo a la oración. (Si tienes dudas o limitaciones con respecto a esto, habla con tu médico y con tu pastor o mentor sobre cómo abordar el ayuno con sabiduría).

VERSÍCULO PARA MEMORIZAR

"Pero Dios lo resucitó al tercer día e hizo que se manifestara, no a todo el pueblo, sino a los testigos que fueron escogidos de antemano por Dios, es decir, a nosotros que comimos y bebimos con Él después que resucitó de los muertos".
Hechos 10:40-41

SEMANA 6

Hechos 16-17

Años aproximados: 52-53 d. C.

LECTURA BÍBLICA DIARIA

Día 1: Hechos 16:1-10

Día 2: Hechos 16:11-24

Día 3: Hechos 16:25-40

Día 4: Hechos 17:1-15

Día 5: Hechos 17:16-34

Día 6: Salmos 115

Día 7: Para ponerte al día

Corresponde a los Días 327 y 330 de *La sinopsis de la Biblia*

RETO SEMANAL

Ver la página 166 para más información.

DÍA 1

HECHOS 16:1-10

LEE HECHOS 16:1-10

Repasa 16:1-5.

La gente en Derbe tuvo quizá la mejor respuesta al evangelio durante el primer viaje misionero de Pablo, por lo que esta parada en su segundo viaje misionero debió de haber sido alentadora. Algunos comentaristas sugieren que habían pasado unos cinco años entre ambos viajes. Aunque el texto no nos dice si Pablo conocía a Timoteo desde su primera visita, no hay duda de que la fama de Timoteo había llegado hasta él.

1. **Usando un comentario bíblico, escribe una biografía de Timoteo a continuación.**

Debe haber sido un honor ser elegido para aprender y ministrar bajo la enseñanza de Pablo, pero el precio de admisión no fue barato.

2. Dado lo que sabemos acerca del Concilio de Jerusalén, ¿por qué crees que Pablo llevó a Timoteo a ser circuncidado? **(Usa un comentario bíblico si es necesario).**

A primera vista, parece contradictorio que Pablo pidiera a Timoteo que se circuncidara. Después de todo, gran parte de su viaje tenía como propósito hablar a los creyentes sobre las decisiones tomadas en el Concilio de Jerusalén. Aunque el Concilio había decidido que la circuncisión no era obligatoria, Pablo estaba dispuesto a hacer todo lo posible para eliminar cualquier obstáculo que pudiera impedir que alguien llegara a la fe en Cristo.

3. Llena los espacios en blanco para completar 16:5.

> Así que las iglesias eran ____________ en la ____, y ____________ ________ en número.

4. ¿Cuál crees que es la relación entre el fortalecimiento en la fe y el aumento en número?

5. Actualiza tu línea de tiempo (página 18) para anotar que en 16:5 se registró la cuarta actualización sobre el crecimiento de la iglesia.

Dios no solo estaba haciendo crecer su iglesia en número, sino también en profundidad. Parece que los números no aumentaban si la profundidad no aumentaba, y el crecimiento en profundidad producía consistentemente un mayor número de creyentes. No había una estrategia rápida de crecimiento de la iglesia ni una campaña en redes sociales, solo un discipulado intencional y humilde.

★ 6. ¿Relacionas tu crecimiento espiritual con la salvación y el discipulado de las personas que te rodean? ¿Por qué sí o por qué no?

Repasa 16:6-10.

Hechos 16:6-7 podría resultar desconcertante. *¿Por qué Dios no querría que Pablo fuera a esas personas? ¿Acaso no quería que fueran salvas?* ¡Es una pregunta válida! Por lo tanto, veamos más a fondo.

Dios desea que todos lo conozcan (1 Timoteo 2:3-4), y su tiempo perfecto y revelación progresiva también están en juego. Así que el *no* aquí es más bien un *todavía no*. A lo largo del Nuevo Testamento veremos que Pablo finalmente visitó casi todos estos lugares. Dios usa tanto puertas abiertas como puertas cerradas para guiar a sus hijos. En este caso, Pablo fue guiado por Dios a través de una puerta cerrada.

★ 7. ¿Alguna vez te has sentido desanimado porque Dios te dijo no a algún deseo, y después te diste cuenta de que era solo porque Él estaba forjando un plan mejor para ti? Si es así, describe tu experiencia.

A veces es difícil ver la mano soberana de Dios obrando todas las cosas para nuestro bien y para su gloria (ver Romanos 8:28-30). Esta sección parece hablar de los lugares a los que Pablo no pudo ir y también de aquellos a los que fue llamado a ir. Pablo tenía la vista puesta en una región, ¡mientras que Dios la tenía puesta en todo un continente!

8. ¿Cuáles de las siguientes afirmaciones sobre el llamado macedonio de Pablo son verdaderas? Marca todas las que correspondan.

A. Ya estaba en camino a Macedonia.

B. Recibió una visión en la noche.

C. Cuestionó el llamado porque quería ir a Asia.

D. Ellos procuraron partir inmediatamente hacia Macedonia.

E. Estaba seguro de que Dios los había llamado a Macedonia.

Hubo un cambio tan sutil entre 16:8 y 16:10 que podrías haberlo pasado por alto. Échale un vistazo y trata de identificarlo. Nuestro autor, Lucas, pasó de contar la historia del viaje a unirse al viaje. Lucas era un miembro del equipo de viaje de Pablo. En este punto, sabemos que los compañeros de Pablo incluían al menos a Silas, Timoteo y ahora Lucas. ¿Imaginas lo que sería estar en ese barco y presenciar todo esto de primera mano?

DÍA 2

HECHOS 16:11-24

LEE HECHOS 16:11-24

Repasa 16:11-15

1. En el Mapa del viaje dos (página 16), dibuja la ruta de la lectura de hoy.

Hechos 16:11-12 nos proporciona información contextual importante. Las personas que encontramos en este estudio aparecerán nuevamente en otras partes del Nuevo Testamento. Pablo utilizó esta visita para establecer una iglesia en Filipos, así que mantente atento a los hombres y las mujeres que más adelante recibirían una carta de Pablo, la cual conocemos como la epístola a los Filipenses. Algunas personas notables de este relato son Lidia, la joven endemoniada, y toda la familia del carcelero de Pablo. Al llevar el evangelio a estas ciudades en Europa, Pablo y sus compañeros estaban obedeciendo el llamado del Señor. Aunque técnicamente todavía formaban parte del Imperio Romano, estas regiones eran consideradas "el fin de la tierra".

Aunque los creyentes judíos ya no estaban obligados a cumplir la ley, aun así Pablo eligió observar el día de reposo. Cuando llegaba a una nueva ciudad, siempre buscaba ministrar primero a los judíos; su tiempo en Filipos no fue la excepción. En este caso, los judíos no se reunían en una sinagoga, quizá porque no había una, sino junto al río. Esta reunión de oración formada por mujeres conduce a los estudiosos a suponer que había muy pocos hombres judíos en Filipos. Si hubiera habido un número significativo de varones judíos, probablemente habrían establecido una sinagoga en la que adorar.

2. **Usando un comentario bíblico, escribe una breve biografía de Lidia, la primera convertida en Europa.**

Al incluir la conversión de Lidia en su relato, Lucas continúa demostrando que Dios ve y valora a las mujeres. Ella no solo es valorada, sino que también es guiada por el Señor.

★ 3. El Señor abrió el corazón de Lidia para que prestara atención a Pablo. ¿Qué implica esto sobre el papel de Dios en la salvación? ¿Desafía esto tu modo de pensar? ¿Por qué sí o por qué no?

El bautismo de Lidia es la evidencia de que decidió seguir a Jesús ese mismo día. Inmediatamente después de su conversión, Lidia no solo mostró hospitalidad y generosidad hacia sus nuevos hermanos en Cristo, sino que también manifestó un hambre y una urgencia por la verdad.

Repasa 16:16-18.

4. **Busca la palabra *adivinación* (16:16) en un diccionario de griego y anota su significado.**

Sabemos varias cosas sobre esta joven de inmediato: tenía un espíritu de adivinación, era propiedad de otros y explotada por dinero, y tenía la capacidad de predecir el futuro de alguna manera. Aunque sería natural suponer que una joven poseída por un demonio diría mentiras, lo que proclamaba acerca de Pablo y sus compañeros era verdad. Y no lo hizo solo una vez, sino repetidamente.

5. ¿Por qué crees que Pablo pudo haberse molestado con su comportamiento y sus proclamaciones? **Usa un comentario bíblico para ayudarte.**

Cuando Pablo ordenó al demonio que saliera de la joven, no intentó hacerlo por su propia fuerza, sino por el poder y la autoridad de Jesús. Es importante notar que no estaba diciendo que el poder residía en la palabra *Jesús*, sino en la *persona* de Jesús. En el mundo antiguo, un nombre no era solo una etiqueta sino también una representación de la identidad de una persona. ¡Jesús era y es el Salvador!

★ 6. ¿Cuál es la diferencia entre buscar poder en la palabra *Jesús* y buscar poder en la persona de Jesús?

Repasa 16:19-24.

Está claro que los dueños de esta joven, que antes estaba poseída por un demonio, estaban más preocupados por sus ganancias económicas provenientes de sus capacidades de adivinación que por ella como persona. No sabemos nada sobre su vida después de ser liberada del demonio. Solo podemos esperar que su libertad de la posesión demoniaca también la llevara a encontrar la libertad de su situación espiritualmente abusiva, y libertad en Cristo.

Los dueños de la joven estaban furiosos por haber perdido su fuente de ingresos. Su seguridad estaba literalmente puesta en el mal. En su enojo, capturaron solo a Pablo y Silas y los llevaron en público ante las autoridades locales. Como vimos antes, probablemente había pocos varones judíos en la ciudad, y cualquiera que no fuera ciudadano romano era considerado un extranjero y, por lo tanto, inferior. Timoteo era solo mitad judío y Lucas era griego, lo que probablemente explica por qué no fueron arrestados. La acusación en 16:20 parece ser dicha con desprecio, como si escupieran la palabra *judíos*. Era como si dijeran: *"Después de todo, nosotros, como romanos, estamos por encima de este tipo de comportamiento alborotador e ilegal"*.

7. ¿Cómo describirías la escena de 16:22-24 a un amigo? **Consulta un comentario bíblico para obtener una visión más completa.**

El castigo definitivamente no parece encajar con el "delito", pero nos da una idea de la persecución que enfrentaron los primeros creyentes para que nosotros hoy podamos tener el evangelio. Y, como siempre, Dios tenía un plan muy específico para este encarcelamiento en particular.

DÍA 3

HECHOS 16:25-40

LEE HECHOS 16:25-40

Repasa 16:25-34.

Pablo y Silas habían sido injustamente examinados, golpeados, arrestados, asegurados con grilletes en los pies, y arrojados a una prisión de máxima seguridad. Incluso en estas realidades traicioneras e injustas, ¡estaban llenos de gozo! Con oración y cantos, se recordaban a sí mismos lo que era verdad a pesar de sus circunstancias. Si se hubieran enfocado en lo que les estaba sucediendo *a ellos*, podrían haber perdido la oportunidad de lo que Dios quería hacer *a través de ellos*.

1. Compara y contrasta las historias de prisión en la tabla siguiente.

Diferencias

Hechos 12:6-11	Hechos 12:18-19	Hechos 16:25-29

Similitudes

Vemos en estos pasajes que el Espíritu Santo no se ajustó a un esquema predecible, por lo que esperar que actúe de la misma manera en cada circunstancia es no comprender la soberanía y la bondad de Dios en cada detalle de nuestras vidas.

Grecia es uno de los países sísmicamente más activos de Europa, por lo que los terremotos no habrían sido una experiencia inusual, pero este terremoto parece haber sido diferente.

2. Rodea en un círculo todos los descriptores que apliquen a este terremoto.

A. Fue grande.

B. Los cimientos de la prisión fueron sacudidos.

C. Todas las puertas estaban selladas.

D. Todas las ataduras fueron soltadas.

E. Todas las ratas atacaron al carcelero.

Este terremoto ciertamente fue un evento sobrenatural, pero no se trató de liberar a Pablo y Silas de la prisión; se trató de la salvación del carcelero y su familia. Si Pablo y Silas se hubieran enfocado en sus circunstancias, habrían perdido el discernimiento del Espíritu Santo que los impulsó a quedarse quietos a pesar de las puertas abiertas de la prisión.

En el Imperio Romano, aquellos que custodiaban prisioneros debían hacerlo con su vida. Eso significaba que si los prisioneros escapaban, los carceleros estaban sujetos a la pena de muerte. Puede sonar brutal, pero probablemente era un disuasivo eficaz contra la corrupción; por lo tanto, cuando este carcelero despertó y encontró todas las puertas abiertas supo que su vida había terminado, de una forma u otra. Hasta que escuchó una voz que venía de la oscura prisión.

3. ¿Cuál fue la respuesta del carcelero? ¿Qué crees que lo llevó a reconocer que Pablo y Silas tenían la clave de la salvación?

Sorprendentemente, el carcelero sacó a Pablo y Silas de la cárcel. La respuesta a la pregunta de su corazón fue breve: "Cree en el Señor Jesús, y serás salvo". Este es un ejemplo de salvación solo por gracia y recibida solamente por fe. Algunos sugieren que esto es demasiado simple, o critican que esta declaración no incluyó el arrepentimiento. Pero el hombre ya había demostrado arrepentimiento con su respuesta y estaba listo para creer.

El carcelero llevó a estos dos prisioneros a su propia casa, donde toda su familia escuchó la presentación del evangelio. Este hombre, que quizá había participado en la golpiza pública, limpió sus heridas y luego fue bautizado. ¡Un cambio total de vida! Y ¿recuerdas el gozo a pesar de la adversidad que Pablo y Silas tuvieron en prisión? Se convirtió en una fiesta de salvación en casa, con comida y celebración. ¡Una situación muy diferente a la de tener los pies encadenados y en máxima seguridad!

★ 4. La actitud de oración y adoración de Pablo y Silas los ayudó a discernir lo que se requería de ellos en sus circunstancias. En situaciones difíciles, ¿tienes una actitud para recibir el discernimiento del Espíritu Santo? Explícalo.

Repasa 16:35-40.

Pablo y Silas habían salido de la cárcel bajo la custodia del carcelero, tuvieron una noche increíble de celebración, y luego hicieron algo asombroso: regresaron a la prisión *voluntariamente*. Si no hubieran regresado, el carcelero aún habría sido responsable de su escape. No estaban preocupados por sí mismos; reconocieron que ese encarcelamiento tenía que ver con él.

Por la mañana, las emociones se calmaron y parece que los magistrados se dieron cuenta de que no tenían bases legales para mantener a estos hombres en prisión. Enviaron a la policía a la cárcel para liberar en silencio a Pablo y a Silas.

El carcelero estaba complacido de darles la noticia de que sus nuevos hermanos en Cristo serían liberados, pero Pablo puso un alto. Como ciudadano romano, Pablo se había sometido a la ley del país. Era un buen ciudadano, y esperaba ser tratado con los derechos que conllevaba su ciudadanía. Pablo quería la justicia que le correspondía. Y cuando los magistrados se enteraron de que estos hombres judíos también eran ciudadanos romanos, rápidamente cambiaron de postura y trataron de encubrir todo el asunto. Pablo y Silas recibieron una disculpa en persona, una escolta fuera de la prisión, y una súplica para que se fueran. ¡No hay duda de que estos magistrados lo pensarían dos veces antes de permitir que un cristiano fuera tratado injustamente en su ciudad!

Pablo nos dio un ejemplo excepcional de cómo mantener confianza y humildad al mismo tiempo. Usó su ciudadanía romana para la gloria de Dios y el avance del evangelio.

★ 5. ¿Utilizas todo lo que tienes para la gloria de Dios y el avance del evangelio? ¿O tiendes a separar tu fe de otras áreas de tu vida?

Pablo y Silas salieron de la cárcel como hombres libres en 16:40, un poco golpeados físicamente, pero completamente llenos espiritualmente. Su interacción con Lidia junto al río fue solo el comienzo de su amistad, y visitarla fue una prioridad antes de salir de la ciudad. También animaron a los varones que se habían convertido en hermanos, y luego siguieron su camino. Sin embargo, Pablo no olvidó a las personas que conoció en Filipos; de hecho, escribió una carta a la iglesia que plantó allí, y los destinatarios pueden haber incluido a las personas que conoció en esta visita, ¡desde Lidia hasta la joven endemoniada y el carcelero con su familia!

DÍA 4

HECHOS 17:1-15

LEE HECHOS 17:1-15

1. En el Mapa del Viaje Dos (página 16), traza lo que estudiaremos en el pasaje de hoy.

Repasa 17:1-9.

Filipenses 4:15-16 dice que la iglesia en Filipos apoyó financieramente el tiempo de Pablo en Tesalónica. Es probable que Lidia hiciera una contribución cuando se despidieron. La caminata era de aproximadamente 160 kilómetros y probablemente tardaron unos tres días. Cuando Pablo y Silas llegaron, fueron fieles a su convicción de llevar el evangelio primero a los judíos.

La ventaja de llevar su mensaje a los judíos y a los griegos temerosos de Dios era que Pablo no necesitaba convencerlos de que las Escrituras eran verdaderas (en ese momento, las únicas Escrituras eran el Antiguo Testamento, y todos en la sala podían estar de acuerdo en su importancia). El mensaje de Pablo sobre Cristo no era un alejamiento del Antiguo Testamento, sino su continuación y cumplimiento.

2. La presentación del evangelio de Pablo incluyó cuatro partes. **Usa un diccionario de griego y un comentario bíblico para completar la tabla con lo que pudo haber incluido cada sección.**

Razonó	
Explicó	
Probó	
Concluyó (*diciendo*)	

3. ¿Cuál fue la respuesta de los judíos y los griegos temerosos de Dios? Rodea todas las opciones que sean aplicables.

A. Todos creyeron.

B. Muchos griegos creyeron.

C. Solo respondieron los varones.

D. Muchas mujeres influyentes creyeron.

E. Los líderes religiosos que no creyeron se llenaron de celos.

Lucas tenía algunas frases favoritas cuando se trataba de números. En este pasaje vemos "multitud" y "un buen número". ¡Ambas significan "muchos"! Mantente atento a este tipo de afirmaciones.

Los líderes religiosos celosos buscaron a algunos hombres malvados para incitar a una turba. Solo fueron necesarios tres días de reposo para poner esta ciudad patas arriba. Cuando esta turba enfurecida no encontró a Pablo y Silas en la casa de Jasón, probablemente un centro para esta naciente iglesia, tomaron a Jasón y a algunos de los nuevos creyentes.

4. ¿Cuáles fueron las dos acusaciones contra estos jóvenes cristianos? ¿Cómo fue esto en realidad un elogio para la efectividad de la iglesia en la región?

El evangelio de Jesús estaba transformando comunidades enteras al cambiar la vida de los creyentes, modificando sus sistemas de valores, desafiando sus normas culturales y dando propósito a los marginados, y eso sigue ocurriendo hoy. Todo el mensaje del reino de Jesús desafía la comprensión convencional. Muchos incluso se refieren a él como el reino al revés.

★ 5. ¿Consideras el evangelio de Jesús como un añadido a tu vida o como algo que la ha redefinido completamente? Explícalo.

Sabemos por los Evangelios y por la vida de Pablo que la acusación de ilegalidad simplemente no era cierta. La Escritura llama a los creyentes a someterse a las autoridades terrenales y a orar por sus gobiernos. ¡El resultado natural de seguir a Jesús es que nos convertimos en *mejores* ciudadanos de nuestros hogares terrenales!

Las autoridades locales no parecían interesarse por quién causó el disturbio; solo querían que terminara. Así que Jasón, la víctima en este escenario, tuvo que pagar una fianza de seguridad para garantizar que la turba se dispersara. Tal vez Pablo y Silas partieron debido a la naturaleza del acuerdo con los funcionarios de la ciudad, o tal vez se fueron para asegurarse de que la fianza de Jasón no corriera peligro.

Pablo y Silas solo estuvieron en Tesalónica unas pocas semanas (17:2) antes de tener que irse en la oscuridad de la noche. Pero Pablo claramente no había terminado de invertir en estos creyentes. El libro del Nuevo Testamento de 1 Tesalonicenses probablemente fue su primera comunicación con ellos después de esta experiencia.

Repasa 17:10-15.

En su siguiente parada, Berea, los que se reunieron en la sinagoga recibieron el mensaje con corazones abiertos y mentes claras, a diferencia de muchos de los tesalonicenses; sin embargo, no se conformaron con aceptarlo sin más.

★ 6. **Busca la palabra *escudriñando* (17:11) en un diccionario de griego y anota lo que encuentres.** ¿En qué se diferencia esto de simplemente escuchar y aceptar un sermón como verdadero? ¿Es esta una práctica regular en tu vida? ¿Por qué sí o por qué no?

Pablo no tenía razón para temer que los de Berea contrastaran sus palabras con las Escrituras. Esto demostraba que tenían hambre de la verdad, no solo de lo que era popular o fácil de escuchar.

La noticia de lo que Dios estaba haciendo viajó los 80 kilómetros de regreso a Tesalónica, y no fue bien recibida. Los agitadores malvados llegaron a Berea para incitar a las multitudes contra el ministerio y el mensaje de Cristo. No era suficiente que Pablo y Silas hubieran dejado su ciudad; querían eliminar su influencia de toda la región.

Aunque Pablo, Silas y Timoteo finalmente partirían hacia Atenas, Pablo fue el único en partir bajo la amenaza de la multitud. Es probable que quisiera que Silas y Timoteo continuaran estableciendo la iglesia y discipulando a los creyentes. No se trataba solo de hacer conversos, sino de establecer iglesias para un discipulado continuo. Él sabía que los varones que había entrenado podían manejar la tarea en su ausencia. Que los discípulos hayan discipulado intencionalmente a otros durante los últimos dos mil años ha allanado el camino para que hoy podamos conocer a Jesús.

7. Completa la tabla a continuación.

¿Cuál fue la respuesta de cada grupo?					
Judíos religiosos de Tesalónica	Principales mujeres de Tesalónica	Griegos temerosos de Dios de Tesalónica	Judíos de Berea	Mujeres influyentes griegas de Berea	Hombres influyentes griegos de Berea

¿Qué dice esto sobre el corazón de Dios?

DÍA 5

HECHOS 17:16-34

LEE HECHOS 17:16-34

Repasa 17:16-21.

Pablo llegó solo a Atenas, donde la necesidad del evangelio era tan evidente que no pudo resistirse a comenzar el ministerio de inmediato. Las esculturas de la ciudad, cuya artesanía asombraría y maravillaría a muchos, eran repulsivas para Pablo. Comenzó a razonar con los judíos en la sinagoga, pero parecía enfocar más su tiempo en aquellos del mercado que estaban dispuestos a dialogar. Atenas era diferente a cualquier otra ciudad en la que Pablo había ministrado; era una ciudad orgullosa, llena de cultura y educación, un centro intelectual y religioso del mundo civilizado.

1. **Usa un comentario bíblico para describir los dos tipos de filósofos que interactuaban con Pablo.**

Epicúreos	
Estoicos	

Las diferencias entre estos dos grupos de intelectuales normalmente los ponían en conflicto; pero ambos estaban intrigados, aunque tal vez burlonamente, por el razonamiento de Pablo. Incluso con una audiencia nueva, el mensaje de Pablo no se apartó de Jesús y la resurrección. La novedad del mensaje de Pablo, y no su contenido, resultó en una invitación para enseñar en el Areópago, una colina rocosa donde comúnmente se llevaban a cabo discusiones y debates filosóficos.

★ 2. ¿En qué estaban consumidos los atenienses impulsados por la filosofía? ¿Cómo es esto similar a nuestra sociedad hoy en día?

Repasas 17:22-28.

Pablo siempre se encontraba con su audiencia donde ellos estaban y, desde allí, los dirigía a Jesús. No comenzó su mensaje en Atenas con la Escritura, porque ellos no construían sus vidas en torno a ella. En su lugar, Pablo comenzó señalando la inversión religiosa que este grupo de personas había hecho. Esto no era necesariamente un elogio ni un insulto, sino un reconocimiento de la realidad espiritual de sus oyentes. Los griegos tenían tantos dioses que, para no ofender a alguno que pudiera haber sido pasado por alto, crearon un altar con la inscripción: "Al dios desconocido".

Este altar preparó perfectamente el escenario para que Pablo presentara a los filósofos al único Dios verdadero que todavía no conocían.

3. Marca todas las verdades acerca de Dios que Pablo menciona en su mensaje.

A. Dios creó y controla todo.

B. Dios está separado de la creación.

C. Dios no puede ser completamente representado por nada hecho por manos humanas.

D. Dios no necesita nada del hombre.

E. Dios provee todo para el hombre.

F. Dios es intencional con cada vida.

G. Dios creó al hombre con un anhelo de conocerlo.

H. Dios no está lejos.

I. Dios creó los dinosaurios.

J. Dios no está en control.

Pablo abordó muchos temas rápidamente, así que anotemos algunos puntos clave.

Primero, habló de la vida, el aliento y todo lo que la humanidad experimenta a diario. Estas cosas son ciertas para todos los que viven, no solo para los creyentes. Como discutimos en el Día 3 de la semana pasada, los teólogos llaman a esto *gracia común*. Se refiere al hecho de que Dios tendría derecho a quitarnos la vida después de nuestro primer pecado, ¡pero no lo hizo! Incluso aquellos que no lo conocen como Salvador aún pueden vivir en la tierra y recibir bendiciones no redentoras, como el aliento diario. La existencia de la gracia común anima a los pecadores a arrepentirse y creer en la gracia salvadora ofrecida en Cristo.

Segundo, Dios tiene un plan para el desarrollo de la historia humana. Él estableció dónde nacería cada persona y dónde viviría.

Tercero, Dios puso un anhelo de sí mismo en el corazón de la humanidad, y, por lo tanto, ¡estos filósofos no estaban tan lejos! Estaban buscando la verdad, pero lo hacían en los lugares equivocados.

4. **Usa un comentario bíblico para averiguar a quién cita Pablo en 17:28.** ¿Por qué crees que citó a estas personas?

Repasa 17:29-34.

5. Resume en tus propias palabras la conclusión de Pablo en 17:29-31. **Usa un comentario bíblico según sea necesario.**

El argumento de Pablo fue recibido con resultados variados. Algunos se burlaron de él, otros quisieron escuchar más, y algunos se unieron a él y creyeron.

★ 6. ¿Qué podemos aprender acerca del evangelismo a partir de esta variedad de respuestas al evangelio?

Pablo pudo encontrarse con los atenienses en su contexto y dirigirlos a Jesús porque Dios nos encuentra justo donde estamos. Fuimos hechos para buscarlo y conocerlo, y Él no está lejos. Dionisio, un notable del Areópago, una mujer llamada Dámaris y otros aprendieron ese día lo que sabemos que es verdad: ¡En Él está el gozo!

7. ¿Qué fue lo que más captó tu atención del estudio de esta semana? ¿Por qué?

8. ¿Qué aprendiste o volviste a aprender acerca de Dios y su carácter esta semana?

DÍA 6

SALMO CORRESPONDIENTE Y ORACIÓN

LEE SALMOS 115

1. ¿Qué correlación ves entre Salmos 115 y el estudio de esta semana?

2. ¿Qué partes de este salmo captan más tu atención?

3. Termina haciendo esta oración en voz alta:

Padre,

Tú eres nuestro Dios. Estás en los cielos y haces todo lo que te place. Estás con nosotros en la tierra, te acuerdas de nosotros y nos bendices. ¡Por siempre te alabaremos!

Así como Pablo les dijo a los atenienses, tú nos has dado a cada uno de nosotros el deseo de conocerte. Pero, como escribió el salmista, hemos hecho nuestros propios ídolos y los hemos adorado. Hemos anhelado seguridad, prosperidad y popularidad en lugar de anhelarte a ti. Al adorar cosas que no ven, no oyen ni sienten, también hemos fallado en ver, oír y sentir.

Recuérdame que tú provees todo lo que necesito. Recuérdame que no estás lejos. Déjame ver tu gloria. Déjame oír tu voz. Déjame sentir tu presencia.

Rindo a ti mi vida, Señor; en cada momento de mi día, en cada decisión que tome, cedo mi voluntad y mi camino a tu perfecta voluntad y camino.

Yo también te amo. Amén.

DÍA 7

DESCANSA, PONTE AL DÍA O PROFUNDIZA

RETO SEMANAL

El Día 4 leímos acerca de los de Berea, que recibieron el mensaje del evangelio con corazones abiertos y mentes claras. Estaban atentos a lo que se predicaba, pero no lo aceptaban sin más. Eran personas que querían confirmar la verdad por sí mismas antes de creerla. Por eso, examinaban las Escrituras con entusiasmo.

Esta semana, escucha un sermón o un pódcast cristiano y compáralo con la Escritura por ti mismo. Usa herramientas de estudio bíblico y referencias cruzadas para determinar si lo que escuchas es verdadero. Recuerda que Jesús oró para que fuéramos santificados por la verdad, y que la Palabra de Dios es la verdad (Juan 17:17).

SEMANA 7

Hechos 18-20

Años aproximados: 54-57 d. C.

VERSÍCULO PARA MEMORIZAR

"Y nos mandó predicar al pueblo, y testificar con toda solemnidad que este Jesús es el que Dios ha designado como Juez de los vivos y de los muertos".
Hechos 10:42

LECTURA BÍBLICA DIARIA

Día 1: Hechos 18

Día 2: Hechos 19:1-20

Día 3: Hechos 19:21-41

Día 4: Hechos 20:1-16

Día 5: Hechos 20:17-38

Día 6: Salmos 85

Día 7: Para ponerte al día

Corresponde a los Días 332 y 346 de *La sinopsis de la Biblia*

RETO SEMANAL

Ver la página 191 para más información.

DÍA 1

HECHOS 18

LEE HECHOS 18

Repasa 18:1-17.

En el estudio de esta semana vemos que Pablo termina su segundo viaje misionero y comienza el tercero.

1. En el Mapa de viaje dos (página 16), dibuja una línea desde Atenas hasta el lugar donde Pablo conoció a Aquila y Priscila.

La ciudad griega de Corinto era importante un cruce de caminos en el Imperio Romano. Era un centro clave de comercio y viajes, y Pablo habría sabido que una iglesia plantada en Corinto impactaría a personas de todo el mundo; pero plantar una iglesia allí no sería fácil.

Corinto era famosa por su inmoralidad. En esa época, la expresión *compañía corintia* significaba "prostituta".[1] La frase *actuar como un corintio* se refería a actividades sexuales, y la adoración de Afrodita, diosa de la sexualidad y la fertilidad, era desenfrenada. En medio de este gran desafío, Dios proveyó dos nuevos amigos para Pablo.

2. ¿Qué sabemos acerca de Aquila y Priscila?

A. Eran comerciantes de puercoespines.

B. Eran fabricantes de tiendas.

C. Recientemente habían llegado de Italia.

D. Eran judíos.

E. Estaban allí debido a una orden de Claudio.

F. Todas menos la A.

Aproximadamente en la mitad de las menciones en el Nuevo Testamento de esta pareja casada, el nombre de Priscila se menciona primero, lo cual era inusual para la época. Su nombre es una forma de Prisca, uno de los grandes nombres familiares de Roma.[2] Es probable que estuviera conectada con esta familia influyente. A lo largo de Hechos vemos que Dios usó tanto a mujeres como a varones, a los bien relacionados y a los humildes, en su plan para establecer su iglesia.

Pablo, quien también era fabricante de tiendas, se quedó con esta pareja y trabajó con ellos durante la semana. En 2 Tesalonicenses 3:6-12 vemos lo que podría ser la razón de Pablo para hacer esto. Deseaba modelar para los creyentes un ejemplo de no ser una carga financiera, incluso en el ministerio. Pablo a menudo elegía ir más allá, a costa de su propia libertad. No era un modelo prescriptivo basado en reglas. Al contrario, era una disposición a ir más allá de los requisitos mínimos. Deseando fervientemente que el evangelio se extendiera sin impedimentos, estaba dispuesto a hacer todo lo posible para eliminar obstáculos para los demás.

3. ¿Qué hacía Pablo cada día de reposo?

Toma nota de la palabra que usa Lucas: *discutía*. La veremos de nuevo en Hechos 18:19, y es un recordatorio de que Pablo no estaba haciendo meros llamados emocionales, sino que enseñaba la verdad de Jesús mediante el razonamiento.

Silas y Timoteo podrían haber llevado fondos con ellos, porque una vez que llegaron, Pablo pasó de fabricar tiendas a tiempo parcial a predicar a tiempo completo. Comenzó compartiendo la Palabra con los judíos, pero cuando se opusieron a él sacudió sus vestidos y se volvió a los gentiles, y muchos corintios llegaron a la fe, ¡además de Crispo, el principal de la sinagoga!

Podemos pensar en Pablo como un hombre que no se dejaba afectar por los contratiempos y era inmune al desánimo.

★ 4. ¿Qué encuentras en 18:9-10 que puede sugerir lo contrario?

Quizá Dios vio que Pablo se había cansado del duro ambiente de Corinto y lo estaba animando. O tal vez Dios le estaba advirtiendo, porque durante el año y medio que estuvo allí, los judíos hicieron un "ataque unificado" contra Pablo. Sin embargo, antes de que Pablo ni siquiera abriera la boca para responder, el procónsul romano usó la razón para disolver la multitud, confirmando la seguridad de Dios en la visión. Aquí, se menciona a Sóstenes como el principal de la sinagoga, lo que puede significar que Crispo fue reemplazado cuando se convirtió en cristiano.

5. ¿Quién más finalmente se convirtió en cristiano, según 1 Corintios 1:1?

Repasa 18:18-23.

6. En el Mapa de viaje dos, traza el viaje de Pablo en estos versículos. Asegúrate de llevar a Priscila y Aquila, tal como lo hizo Pablo, y déjalos en Éfeso.

Los eruditos no están completamente seguros de qué voto hizo Pablo, pero muchos sugieren que fue el voto nazareo (Números 6:1-21). A menudo modeló la abnegación por el bien de la unidad entre los creyentes. Pero, considerando la depravación de Corinto, es probable que este haya sido un voto para *apartarse* mientras vivía allí. Unidad con el cuerpo, pero distinción del mundo.

El regreso de Pablo a Antioquía en 18:22 marcó el final de su segundo viaje misionero. Su partida en 18:23 señaló el comienzo de su tercero.

7. Actualiza tu línea de tiempo (página 19) para registrar que en el año 54 comenzó el tercer viaje misionero de Pablo.

Repasa 18:24-28.

8. Completa el siguiente perfil personal sobre Apolos.

Etnia:

Ciudad de origen:

Actualmente vive en:

Habilidades:

Educación:

Cosas que enseñó con precisión:

Brechas en su educación:

Este increíble orador, ferviente en espíritu, enseñaba con valentía en Éfeso, pero necesitaba un poco de orientación. Ojalá Dios hubiera enviado a alguien antes para explicarle las cosas... Ah, un momento, ¡lo hizo!

★ 9. La historia de Apolos es un gran estímulo de que no necesitamos saberlo todo para declarar con fervor la verdad de Dios. ¿Alguna vez has dudado en compartir el evangelio porque sentías que no sabías lo suficiente?

Priscila y Aquila le explicaron el camino de Dios con más precisión, y Apolos pareció recibirlo con tanta disposición y humildad que, un versículo después, ¡ya estaba listo para comenzar su propio viaje misionero! Pasó a mostrar poderosamente a los judíos mediante las Escrituras que Jesús era el Cristo. Hasta este punto, hemos visto principalmente a Pablo intentando llevar la verdad a los judíos en la sinagoga. Y mira cómo Dios entretejió a nuevas personas en este plan. Pablo habría sido el primero en estar de acuerdo: Hechos no es el espectáculo de Pablo; es el espectáculo de Dios. ¡Y Dios se estaba manifestando en todas partes!

DÍA 2

HECHOS 19:1-20

LEE HECHOS 19:1-20

Repasa 19:1-10.

Ayer aprendimos sobre Apolos enseñando en Éfeso y luego siendo enviado a Acaya. En el estudio de hoy, Pablo llegó a Éfeso para continuar donde Apolos se quedó.

1. ¿En qué se parecían estos nuevos discípulos a Apolos? ¿Cuál fue el resultado de la enseñanza de Pablo?

En Hechos 19:8-10 vemos un gran cambio en nuestra narrativa de Hechos. Hasta este punto, Pablo había visitado primero las sinagogas en sus viajes y después llevaba la Palabra a los gentiles, siguiendo una ruta de "de las sinagogas a las calles". Aquí, vemos que Pablo habló con valentía en la sinagoga por tres meses. (Observa nuevamente el uso que hace Lucas de la palabra *discutiendo* en 19:8; este evangelio no es uno que pide a los creyentes que acepten las ideas sin pensar).

2. ¿A dónde fue Pablo cuando hablaron mal del Camino? ¿Cuánto tiempo se quedó allí?

Esta vez, Pablo no fue de las sinagogas a las calles. Fue de la sinagoga, que tenía reglas muy específicas sobre el acceso y quién podía entrar, a la escuela de Tirano, que puede haber sido tan accesible al público como un centro comunitario. Algunos documentos históricos sugieren que Pablo hablaba allí diariamente desde las once de la mañana hasta las cuatro de la tarde, que era la hora más calurosa del día, cuando la mayoría de los efesios descansaban de su trabajo. Y esto continuó diariamente por dos años. Básicamente, ¡era un seminario de dos años que se llevaba a cabo en medio de uno de los centros urbanos más oscuros de la tierra!

3. Completa los espacios en blanco según 19:10.

> "Esto continuó por dos años, de manera que ______ _____ _____ ________ ____ ________ oyeron la palabra del Señor, tanto judíos como griegos".

La mención de esta región ¿te trae recuerdos del estudio de la semana pasada? Recuerda que en 16:6, Pablo y su grupo habían sido "impedidos por el Espíritu Santo de hablar la palabra en Asia". Discutimos que el *no* de Dios para que Pablo fuera a Asia era más bien un *todavía no*.

A veces, los *todavía no* de Dios pueden ser difíciles de entender en el momento. Romanos 11:33 dice que las riquezas de la sabiduría de Dios son tan profundas que sus caminos son "indescifrables" (NVI). Normalmente, no podemos predecir las razones que hay detrás de sus *todavía no*. Pero qué impresionante es cuando tenemos el privilegio de presenciar lo que Dios estaba haciendo. A Pablo se le dijo no en 16:6 para que Apolos pudiera ser enviado a Éfeso a preparar el terreno de Dios, solo para que Pablo llegara en el momento perfecto después de que Apolos se había ido, para que toda Asia oyera la palabra del Señor.

Repasa 19:11-20.

Éfeso era famoso por ser un centro de brujería y hechicería. Y aquí vemos nuevamente que Dios fue específico y estratégico en la difusión de la verdad que produce libertad.

★ 4. ¿Por qué crees que Dios hizo milagros "extraordinarios" (o como dicen algunas traducciones, "excepcionales") en esta ciudad en particular?

Hemos hablado sobre el poder del nombre de Jesús, y Filipenses 2:9, *escrito por Pablo,* nos dice que Jesús es "el nombre que es sobre todo nombre". Y aquí, los hijos de Esceva nos recuerdan una verdad importante: el nombre de Jesús no es un hechizo mágico o un tipo de *abracadabra.* El *nombre* de Jesús es la totalidad de la persona de Jesucristo: su voluntad, personalidad y poder. Esta diferencia clave es evidente en 19:13.

5. ¿Cuál de las siguientes opciones completa correctamente lo que dijeron los exorcistas? "Les ordeno que salgan, en el Nombre de Jesús..."

A. "a quien conocemos personalmente".

B. "a quien predicamos".

C. "a quien Pablo predica".

D. "a quien predica nuestra mamá".

Este pasaje puede parecer aterrador, pero la diferencia clave es que estos exorcistas no estaban empoderados ni protegidos por el nombre de Jesús, porque no estaban obrando por el Espíritu de Dios ni proclamando a Jesús como su Señor. Solo proclamaban que Él era el Señor de Pablo.

6. Basándote en 19:17-20, anota todas las acciones que resultaron de este incidente.

Muchos de estos practicantes creían que su magia provenía del secretismo. Por eso, es especialmente impactante que no solo confesaran ante Dios en privado, sino que confesaran sus pecados en voz alta, en comunidad.

★ 7. Cuando confiesas, ¿lo haces solo ante Dios o incluyes a otros creyentes de confianza? ¿Qué oportunidad nos ofrece Santiago 5:16?

Las cincuenta mil monedas de plata en 19:19 equivaldrían a entre 1 y 5 millones de dólares de hoy.[1] Es impactante pensar en nuestras relaciones financieras con fortalezas espirituales: las industrias multimillonarias que nos mantienen cautivos y representan nuestras ataduras. Exploraremos ese tema mañana. Pero gracias a Dios, la Palabra del Señor continuó prevaleciendo, y sigue prevaleciendo hoy.

8. Actualiza tu línea de tiempo (página 19) para anotar que la quinta actualización resumida sobre el crecimiento de la iglesia se registró en 19:20.

DÍA 3

HECHOS 19:21-41

LEE HECHOS 19:21-41

Seguimos en Éfeso, pero el estudio de hoy tiene muchos nombres nuevos.

1. Antes de comenzar, completa la siguiente tabla para hacer un seguimiento de los personajes de hoy. Algunos espacios están llenos para ayudarte a empezar.

Nombre	Función	Acción	¿Ayudó, se opuso, o ambas?
Timoteo	Ayudante de Pablo	Enviado a Macedonia	Ayudó
Erasto			
Demetrio	Platero		
Artemisa		Nada, porque los dioses hechos con manos no pueden hacer nada.	
Gayo y Aristarco			
Discípulos			
Asiarcas	Hombres de alto rango honorífico en la provincia romana de Asia, amigos de Pablo.		
Multitud de Éfeso			
Alejandro			
Secretario de la ciudad			

Observa que los asiarcas están listados entre los amigos de Pablo. A lo largo de Hechos, vemos que Dios le proporcionó a Pablo personas estratégicas en las ciudades donde iba. A veces esas personas estaban en lo más alto de la jerarquía social, y otras veces eran carceleros, fabricantes de tiendas, o mujeres temerosas de Dios y con mentalidad empresarial. Pero seguimos viendo a Dios cumplir lo que dijo en 18:9-10: "No temas... porque Yo tengo mucha gente en esta ciudad". Dios le dijo eso a Pablo en Corinto, pero también vemos que es cierto aquí en Éfeso. Algunas de las personas que Dios designó para ayudar a Pablo a extender el evangelio eran participantes voluntarios. Y otras, al parecer, pudieron haber sido impulsadas a ayudar para la causa sin ni siquiera saberlo.

Repasa 19:21-41.

El estudio de ayer terminó con el impactante momento en el que los efesios quemaron lo que hoy día equivaldría a entre 1 y 5 millones de dólares en materiales de hechicería. Hoy, las repercusiones económicas de la expansión del evangelio continúan.

Pablo, guiado por el Espíritu, decidió emprender el viaje que finalmente lo llevaría a Roma. Pero en ese tiempo estalló un alboroto en Éfeso, cortesía de los artesanos que se ganaban la vida fabricando objetos para la adoración de la diosa Artemisa, también conocida como Diana.

La diosa romana Diana y la diosa griega Artemisa fueron combinadas en una sola deidad y en un culto de adoración cuando Roma intentaba unificar y controlar a los habitantes de la región. Esto explica por qué en este pasaje, dependiendo de la versión de la Biblia que estés usando, podrías encontrar menciones de Diana o Artemisa.

★ 2. En 19:27 Demetrio menciona dos motivaciones para su preocupación. ¿Cuál crees que era su verdadera motivación? Explica brevemente tu respuesta.

El Templo de Artemisa en Éfeso era famoso en todo el mundo. La producción de recuerdos y amuletos era un gran negocio, así que no es difícil imaginar que el motín estuviera impulsado por intereses económicos.

★ 3. ¿Qué palabra común notas en 19:29 y 19:32?

La mayoría de ellos ni siquiera sabían por qué se habían reunido. Y aun así, cuando la multitud reconoció que Alejandro era judío, pasaron unas dos horas clamando al unísono en adoración a Artemisa. No dejes que las diferencias culturales te hagan pensar que una multitud confundida, gritando al unísono *durante dos horas* es algo normal. Claramente, cualquiera que fuera la motivación detrás de este motín, llevaba consigo una influencia satánica en contra del evangelio en Éfeso. Entonar al unísono por cinco minutos ya sería mucho tiempo. Entonar al unísono por dos horas probablemente fue tan inquietante y demoníaco como suena. No es de extrañar que en la carta de Pablo a los Efesios encontremos su mayor énfasis en cómo enfrentar la guerra espiritual (Efesios 6:10-18).

4. ¿Quién calmó finalmente a la multitud en 19:35?

A. Pablo

B. Bernabé

C. Lidia

D. El secretario de la ciudad de Éfeso

Una vez más, Dios proporcionó apoyo a Pablo de una manera inesperada. El secretario de la ciudad de Éfeso, quien no parecía ser creyente en Jesús, planteó un llamativo argumento a favor de Pablo. Dijo que si Artemisa era tan grandiosa, lo suficiente como para que la gente la alabara durante dos horas seguidas, entonces ¿por qué deberían sentirse amenazados por el evangelio de Pablo? También dijo que cualquier acusación que Demetrio y los artesanos tuvieran debía ser presentada correctamente en los tribunales.

5. Según el secretario de la ciudad, ¿qué era lo que realmente era ilegal?

Los propósitos de Dios prevalecen. Y al igual que en 18:14, Pablo ni siquiera tuvo que abrir su boca.

DÍA 4

HECHOS 20:1-16

LEE HECHOS 20:1-16

Repasa 20:1-6.

Pablo había pasado más de dos años enseñando en Éfeso y edificando a los discípulos, pero el motín indicó que era hora de pasar al siguiente destino.

1. En el Mapa del viaje tres (página 17), traza los viajes de Pablo en 20:3-6. Dibuja una línea de puntos para indicar dónde planeaba viajar por mar. Dibuja, em cambio, una línea sólida sobre la ruta terrestre que tomó.

2. Encierra en un círculo a todos los compañeros de Pablo mencionados en Hechos 20:4.

- Thor el asgardiano
- Sópater el bereano
- Aristarco el tesalónico
- Segundo el tesalonicense
- Gayo de Derbe
- Tíquico el asiático
- Tater el Tot*
- Trófimo el asiático
- Cónan el bárbaro
- Timoteo

Estos compañeros de viaje probablemente eran representantes de otras iglesias, y formaban un grupo diverso. Presta atención a los dos de Tesalónica.

* Nota del editor: "Tater the Tot" (en el original en inglés) es un juego de palabras humorístico en inglés, basado en el alimento "tater tot" (una especie de croqueta de papa). No tiene un equivalente directo serio en español, pero para puede traducirse como Tater el Tot.

El nombre de Aristarco hace referencia a la aristocracia, la clase gobernante. Segundo era un nombre común de esclavo. Los esclavos generalmente no eran llamados por sus propios nombres; el esclavo de más alto rango en una casa se llamaba Primus, el segundo en rango se llamaba Secundus.[1] Esto significa que Segundo era un ciudadano de segunda categoría incluso entre los esclavos. Sin embargo, en el reino de Dios, Aristarco y Segundo viajaban lado a lado con Pablo. En su ciudad natal de Tesalónica no habrían estado en la misma mesa, a menos que Segundo estuviera sirviendo en ella. Pero en el reino de Dios servían *juntos*. Una de las muchas maneras en que el evangelio estaba transformando el mundo antiguo.

★ 3. ¿Por qué fue beneficioso para Pablo tener un grupo diverso de compañeros de ministerio en su viaje? ¿Qué podemos aprender de su ejemplo?

Luego, Lucas dijo que zarparon de Filipos después de los días de los Panes sin Levadura (Pascua), llegaron a Troas en cinco días y permanecieron allí siete. Tenlo en cuenta, porque regresaremos a ello.

Repasa 20:7-16.

Este es uno de los pasajes en la Escritura donde vemos a la iglesia primitiva reunirse el primer día de la semana para partir el pan, tener comunión, y estudiar la Palabra. Pero este no fue un servicio común.

4. ¿Qué indicadores de tiempo en 20:7 y 20:11 te dan una idea de cuánto tiempo predicó y conversó Pablo con ellos? Dibuja los horarios aproximados en los relojes a continuación.

Esto refleja el sentido de urgencia que Jesús mostró durante su discurso en el aposento alto la noche antes de su arresto (Juan 13-17); y aun así, sus discípulos agotados seguían quedándose dormidos. Claramente, en momentos urgentes Dios no descarta las vigilias nocturnas. Pablo sabía que se iría a la mañana siguiente, y su corazón por el discipulado es evidente aquí. Observa que en 20:7 él "hablaba", y luego hubo un "discurso". Más tarde, en 20:11, "conversó largamente con ellos". Hubo una combinación de predicación y compromiso relacional. Enseñó, y luego conversaron sobre ello juntos durante el resto de la noche. Se invirtió en ellos. Y en medio de todo eso, un joven fue resucitado de entre los muertos.

5. ¿Qué sucedió después de que Eutico fue resucitado?

A. Dieron por terminada la reunión.

B. Partieron el pan y comieron.

C. Continuaron la reunión, conversando hasta el amanecer.

D. Quedaron "grandemente consolados".

E. Todas menos A.

Una vez más, Lucas empleó uno de sus varios recursos literarios favoritos: la hipérbole. Quedaron "grandemente consolados". Sin duda.

★ 6. ¿Por qué crees que Lucas incluyó esta historia en su relato del tiempo que pasaron en Troas?

Después de que Eutico fue resucitado, Lucas y los demás navegaron hacia Asón, donde recogieron a Pablo, quien llegó por tierra para encontrarse con ellos.

7. En el Mapa del viaje tres, traza el viaje en barco de Pablo desde Asón hasta Mileto. Mantén la vista en Jerusalén, recordando el deseo de Pablo de llegar allí para Pentecostés.

Pentecostés es cincuenta días después de la Fiesta de los Panes sin Levadura. Usando la mención de los cinco y siete días que pasaron en Hechos 20:6 y los días de viaje por mar en 20:13-16, podríamos calcular que quedaban alrededor de treinta y dos días hasta Pentecostés en este punto del viaje de Pablo. Pero si te preocupa que Pablo haya pasado por alto a los efesios debido a su prisa por llegar a Jerusalén, no te preocupes. Como veremos en el estudio de mañana, Dios tiene un plan. Siempre lo tiene.

DÍA 5

HECHOS 20:17-38

LEE HECHOS 20:17-38

Repasa Hechos 20:17-38.

El estudio de hoy comienza con Pablo en Mileto, enviando un mensaje a los líderes de la iglesia de Éfeso para que se reunieran con él. Puede que haya hecho esto porque, aunque quería pasar tiempo con ellos, sabía que un viaje a Éfeso no sería corto.

1. ¿Cuál crees que fue la motivación de Pablo para lo que dijo en 20:18-21?

   A. Presumir

   B. Presumir sutilmente

   C. Corregir sus ideas erróneas sobre él

   D. Modelar y enseñar

Muchas veces, Pablo tuvo que comparecer ante acusadores o persuadir a un oponente, pero aquí estaba hablando con amigos, con su rebaño. Les estaba recordando la manera en que lo habían visto vivir, recordándoles que hicieran lo mismo, recordándoles las lágrimas y pruebas que sufrió para que pudieran escuchar el evangelio y crecer en él. No buscaba un agradecimiento. Les estaba pasando la antorcha. Sabía que no los volvería a ver.

2. En Hechos 20:20, ¿dónde menciona Pablo que les enseñó?

"... públicamente y ____ ______ ____ ______ ...".

Aunque nos hemos referido a la "iglesia de Éfeso", no había un lugar central de reunión. Estas iglesias que Pablo estaba plantando eran en su mayoría grupos de iglesias en casas. Cada anciano en esta reunión podría haber sido el líder de una iglesia en casa. En conjunto, esta comunidad de personas que se reunían en hogares por toda la ciudad se consideraba la iglesia de Éfeso. Es un recordatorio para nosotros, que estamos acostumbrados a la idea de que la iglesia es un edificio. La iglesia es un cuerpo: un cuerpo de creyentes, unidos en Cristo. Y ya sea que ese cuerpo se reúna en una casa, en un barco, en una catedral o junto al río, Cristo es el fundamento sobre el que se sostiene.

3. En Hechos 20:22-23 Pablo habló sobre su futuro. ¿Qué sabía con certeza y qué no sabía?

Es posible que Pablo supiera que sería ejecutado desde el momento de su conversión en Hechos 9. Dios aludió a ello en su conversación con Ananías. Sin embargo, aunque Pablo era consciente de su futura ejecución, todavía había muchas cosas que *no* sabía. Había cosas que Dios le reveló y cosas en las que tuvo que avanzar con fe ciega y confianza, tal como lo hacemos nosotros.

Pablo no murió hasta muchos años después de esta conversación con los efesios, pero claramente tenía su muerte en mente. ¿Cómo logró asumir su futura ejecución? Dijo que no consideraba su vida de ningún valor, más allá de cómo le permitía testificar del evangelio.

★ 4. ¿Vale la pena morir por el evangelio que predicas?

Es posible que notes que el tono de este pasaje se siente diferente al de otras enseñanzas y predicaciones que hemos visto de Pablo en Hechos. La calidad personal y relacional de estos versículos nos recuerda las cartas paulinas que encontramos más adelante en el Nuevo Testamento. Anteriormente en Hechos, veíamos a Pablo predicar el evangelio a naciones incrédulas que nunca lo habían escuchado. Aquí lo vemos cuidar la semilla del evangelio que ya había sido plantada. Su tono es a la vez alentador y desafiante.

5. ¿De qué les advirtió en 20:29? ¿Y de dónde surgirían "algunos hablando cosas perversas" en 20:30?

Hasta este punto, el énfasis había estado en la opresión externa. Los líderes judíos, los romanos, los gentiles que se oponían a ellos, todos estos eran enemigos contra los que los creyentes de la iglesia primitiva debían estar alerta. Pero ahora que la iglesia estaba establecida y creciendo, Pablo les advirtió que la situación se volvería más complicada. Los lobos vendrían *de entre ellos*.

6. ¿Cómo comienza Pablo 20:31?

> "_____ _______, _____ ________, ___________ que por tres años, de noche y de día, no cesé de amonestar a cada uno con lágrimas".

Presta atención a los *por tant*o de Pablo. A menudo recordaba verdades a sus oyentes para luego conectarlas con un llamado a la acción.

★ 7. Basado en el ejemplo que les recordó en 20:31-34, ¿qué respuesta crees que los estaba instando a vivir en 20:35?

Recuerda cómo eran los efesios cuando Pablo llegó por primera vez, y asómbrate del impacto que el evangelio tuvo en ellos para cuando se despidieron de Pablo. ¡Dios es *verdaderamente* un Dios de transformación! ¡Y en Él está el gozo!

8. ¿Qué fue lo que más captó tu atención del estudio de esta semana? ¿Por qué?

9. ¿Qué aprendiste o volviste a aprender sobre Dios y su carácter esta semana?

DÍA 6

SALMO CORRESPONDIENTE Y ORACIÓN

LEE SALMOS 85

1. ¿Qué correlación ves entre Salmos 85 y el estudio de esta semana ?

2. ¿Qué partes de este salmo captan más tu atención?

3. Termina haciendo esta oración en voz alta:

Padre,

Tú hablas paz y das lo que es bueno. Tú nos creaste, nos salvaste, y nos amas.

Antes de que tus apóstoles fueran a algún lugar, tú fuiste delante de ellos. Abriste camino. Guiaste sus pasos. Antes de que yo vaya a algún lugar, tú ya has ido delante de mí. Has abierto camino. Guiarás mis pasos. Pero en lugar de pedir tu guía, he confiado en mí mismo para encontrar mi propio camino. Elegir mi propia senda me ha llevado a la destrucción.

Antes de que tus apóstoles hablaran de ti, tú les diste tus palabras. Tú creaste el conocimiento y el entendimiento, y das sabiduría cuando la pedimos. Usas esos dones a través de nosotros para atraer a otros a ti. Pero soy lo suficientemente arrogante como para atribuirme el mérito de tu obra. Perdóname, Señor.

No permitas que regrese a la necedad. Avívame, para que pueda regocijarme en ti. Muéstrame tu amor inagotable.

Te entrego mi vida, Señor; en cada momento de mi día, en cada decisión que tome, rindo mi voluntad y mis caminos a tu perfecta voluntad y tu camino.

Yo también te amo. Amén.

DÍA 7

DESCANSA, PONTE AL DÍA O PROFUNDIZA

RETO SEMANAL

El estudio de esta semana siguió mostrando las formas detalladas en las que Dios fue delante de Pablo en sus viajes, proveyendo para él y preparando el camino. Haz una línea de tiempo de tu propia vida, marcando los momentos en los que puedas ver cómo Dios preparó personas, lugares y cosas para ti de antemano. Tal vez sean cosas que te llevaron específicamente a un llamado o trabajo. Tal vez sean relaciones que terminaron siendo mucho más significativas de lo que imaginaste al principio. Si quieres ser creativo, siéntete libre para usar dibujos e imágenes. Y no des por sentado que ya conoces todas las respuestas, sino invita a Dios a revelarte su providencia de maneras que aún no has reconocido.

VERSÍCULO PARA MEMORIZAR

"De Él dan testimonio todos los profetas, de que por su nombre, todo el que cree en Él recibe el perdón de los pecados".
Hechos 10:43

SEMANA 8

Hechos 21-23

Año aproximado: 58 d. C.

LECTURA BÍBLICA DIARIA

Día 1: Hechos 21:1-26

Día 2: Hechos 21:27-40

Día 3: Hechos 22:1-29

Día 4: Hechos 22:30-23:11

Día 5: Hechos 23:12-35

Día 6: Salmos 23

Día 7: Para ponerte al día

Corresponde al Día 346 de *La sinopsis de la Biblia*

RETO SEMANAL

Ver la página 215 para más información.

DÍA 1

HECHOS 21:1-26

LEE HECHOS 21:1-26

Repasa 21:1-6.

Pablo había completado su último viaje misionero y se dirigía a Jerusalén. Cada una de las paradas mencionadas probablemente fue breve, no más de un día en cada puerto.

1. Marca la ruta en el Mapa del viaje tres (página 17).

En Tiro, una ciudad costera a unos ciento sesenta kilómetros al norte de Jerusalén, Pablo y sus compañeros se quedaron con los discípulos.

★ 2. **Vuelve a leer 20:22-23 y compáralo con 21:4.** Escribe abajo lo que observes. ¿Parecen contradictorios estos pasajes? ¿Por qué sí o por qué no?

Parece que están sucediendo algunas cosas diferentes aquí. Es importante notar que Pablo estaba convencido de que el Espíritu lo estaba dirigiendo a ir a Jerusalén. Esto fue confirmado por el Espíritu, quien les habló a los creyentes en Tiro sobre los peligros que esperaban a Pablo. Los estudiosos sugieren que en lugar de contradecir lo que Pablo había recibido, los creyentes estaban expresando su preocupación por su seguridad. El Espíritu había alertado tanto a Pablo como a los creyentes de que le esperaba sufrimiento, pero sus respuestas fueron diferentes. Los amigos de Pablo se preocupaban por su seguridad. Sin duda, esto también le preocupaba a Pablo, pero le importaba más completar su ministerio y testificar sobre las buenas nuevas dondequiera que fuera llamado.

Pablo había huido previamente del peligro y la persecución. No es que tuviera un deseo de morir, pero sabía que el Espíritu Santo lo estaba enviando a Jerusalén. Los discípulos, junto con sus esposas e hijos, oraron con Pablo y sus compañeros y lo despidieron, sabiendo que tal vez nunca lo volverían a ver.

Repasa 21:7-16.

El viaje continuó desde Tiro hasta Ptolemaida y luego a Cesarea. El grupo se quedó con Felipe, ahora apodado "el evangelista" debido a su ministerio en Hechos 8.

3. ¿Quién más es mencionado en 21:9? ¿Qué dice Lucas sobre ellas?

Aunque era algo muy inusual para la época, Lucas tenía la costumbre de destacar a las mujeres involucradas en la iglesia. La mención de las hijas de Felipe aquí no es una excepción. Personas que antes estaban en los márgenes de la sociedad fueron valoradas por igual dentro de la iglesia.

Un profeta llamado Ágabo llegó desde Judea a Cesarea, quizá para transmitir este mensaje a Pablo. Esta es la tercera confirmación del Espíritu de que le esperaba sufrimiento en Jerusalén.

4. Completa la siguiente tabla:

¿Qué dijo Ágabo?	¿Cómo respondieron las personas?	¿Cómo respondió Pablo?

Pablo no se dejó disuadir. A pesar de la gran emoción dentro del grupo, incluida la suya propia, sabía lo que debía hacer. La conclusión final de los creyentes colocó la situación donde pertenecía: en las manos del Señor, según su voluntad. Esto pudo haber sido un momento de división y desacuerdo entre los creyentes, pero en cambio, confiaron en la soberanía de Dios y en su plan. Pablo iría a Jerusalén.

Repasa 21:17-26.

Cuando Pablo llegó a Jerusalén, se reunió con Jacobo y los ancianos de la iglesia. Compartió acerca de la increíble obra de Dios entre los gentiles, y los líderes respondieron glorificando a Dios. Pero Pablo pronto se enteró de un posible problema con su visita: no tenía la mejor reputación ante los judíos cristianos más celosos en Jerusalén.

5. Según Hechos 21:21, ¿qué habían dicho algunas personas sobre Pablo?

6. ¿Qué consejo le dieron los líderes?

7. Marca lo que Pablo hizo en respuesta a la petición de los ancianos:

Se molestó y salió de Jerusalén inmediatamente.

Hizo lo que le pidieron.

Confrontó a los cristianos judíos que lo habían malinterpretado.

Parecía que Pablo, a pesar de ser cristiano y vivir bajo la gracia, aún seguía guardando la ley. Esto ocurrió aproximadamente ocho años después del

Concilio de Jerusalén (Hechos 15). Aunque algunas cosas en la iglesia eran claras, Jesús es el Hijo de Dios y resucitó de entre los muertos, había otras que todavía estaban tratando de entender. En ese contexto, Pablo siempre se presentó como alguien dispuesto a sacrificar sus libertades personales por el bien mayor de extender el evangelio. Considerando el increíble abismo cultural y religioso que separó a judíos y gentiles durante siglos, la búsqueda persistente de unidad por parte de la iglesia era digna de admiración.

★ 8. **Lee 1 Corintios 9:19-23.** Escribe lo que más te llama la atención basado en la decisión que Pablo tomó en esta historia.

Pablo probablemente escribió su carta a los corintios después de este evento en Jerusalén. Tal vez tenía esta experiencia en mente cuando la escribió. Pablo mostró humildad al aceptar la petición de los líderes de la iglesia en Jerusalén. Acababa de compartir con ellos todo lo que Dios había hecho entre los gentiles *a través de* su ministerio. No se preocupó por defender su reputación ni por aclarar los malentendidos. En cambio, hizo lo que era mejor para la iglesia en Jerusalén y para la expansión continua del evangelio. Pablo limitó su libertad terrenal para que otros pudieran encontrar la libertad eterna.

DÍA 2

HECHOS 21:27-40

LEE HECHOS 21:27-40

Repasa 21:27-36.

Pablo estaba en el templo para purificarse en el último día de su voto. Los líderes de la iglesia en Jerusalén esperaban que la observancia pública de la ley por parte de Pablo ayudara a disipar la tensión.

Pero los judíos de Asia tenían una idea diferente.

Estos judíos asiáticos eran muy probablemente de Éfeso, donde también había ocurrido una gran revuelta. No sabemos por qué estaban en Jerusalén, tal vez por Pentecostés, pero sí sabemos que reaccionaron a la presencia de Pablo en el templo al alborotar a la multitud.

1. Marca la casilla junto a las acusaciones hechas contra Pablo.

[ ] Enseñó contra el pueblo.

[ ] Enseñó contra la ley.

[ ] Enseñó contra este lugar (el templo).

[ ] Llevó a un griego al templo.

[ ] Profanó este lugar santo.

★ 2. ¿Te recuerdan estas acusaciones a las hechas contra Esteban en Hechos 6?

Estos judíos asumieron que Pablo había llevado a su amigo Trófimo, un gentil de Éfeso, al área principal del templo. Si Pablo hubiera hecho eso, lo cual no hizo, habría quebrantado sus leyes sobre la profanación del templo. Según la ley judía, los gentiles solo podían entrar en un área específica.

3. Observa la imagen del templo abajo y marca dónde se permitía la entrada a los gentiles.

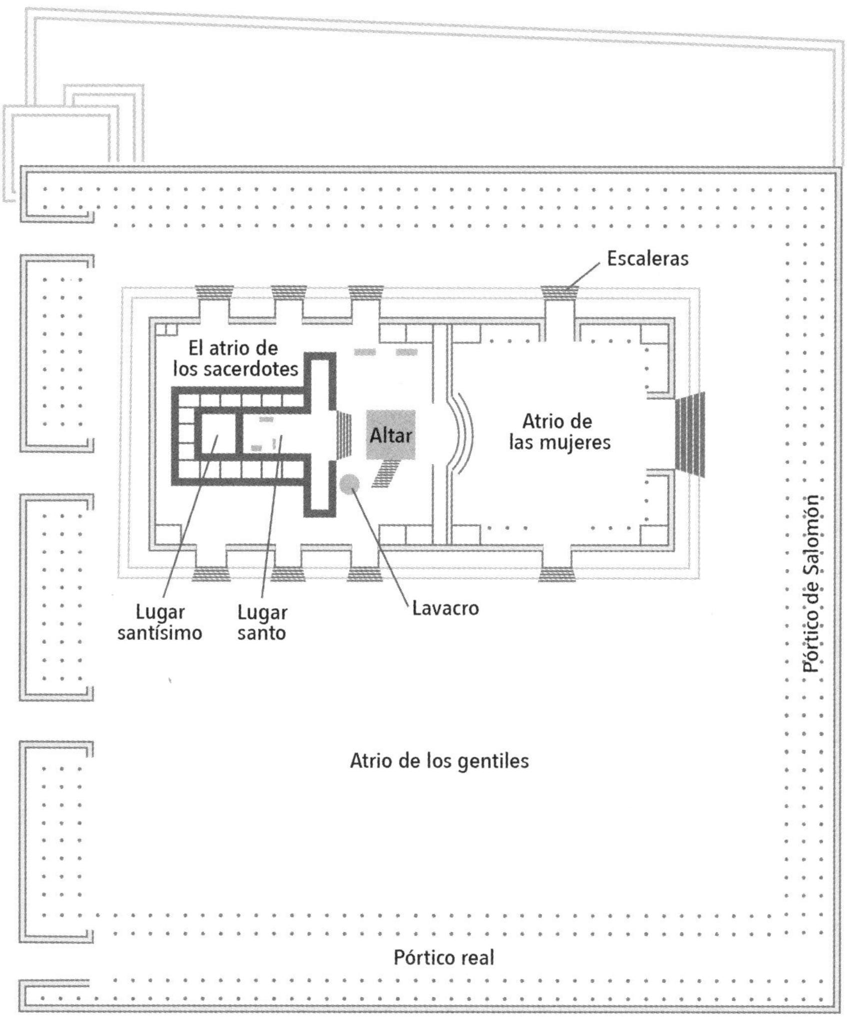

Lucas nos presentó a Pablo por primera vez al final de Hechos 7. Lo conocimos como un enemigo de los creyentes, un hombre obsesionado con destruir el Camino. Pero vimos su conversión y su posterior introducción al ministerio en Hechos 9 y 11. Seguimos sus viajes misioneros desde Hechos

13 en adelante, observando la persecución y el sufrimiento, así como la alegría de ver el evangelio extenderse tanto a judíos como a gentiles.

★ 4. Imagina que eres el abogado de Pablo. Basado en lo que sabes sobre él en tu estudio de Hechos, ¿cómo refutarías estas acusaciones?

Lamentablemente, estos judíos de Asia no estaban interesados en llevar a Pablo a juicio. Se desató el caos cuando la multitud lo agarró, lo arrastró fuera del templo y trató de matarlo. La noticia de la situación llegó hasta el tribuno romano. Este oficial militar romano de alto rango, más adelante sabremos que su nombre es Claudio Lisias (23:26), estaba a cargo de aproximadamente mil soldados, y algunos estudiosos sugieren que llevó cerca de doscientos hombres con él al lugar de los hechos.

5. ¿Qué estaba haciendo la multitud con Pablo cuando llegó el tribuno?

El tribuno arrestó a Pablo e intentó averiguar quién era y qué había hecho, pero la situación era demasiado caótica como para que el tribuno obtuviera la información que necesitaba. La gente se volvió tan violenta que los soldados tuvieron que llevarse a Pablo para protegerlo.

6. Actualiza tu línea de tiempo (página 19) para registrar que en el año 58 Pablo fue arrestado en Jerusalén.

Repasa 21:37-40.

Pablo era políglota. Hablaba al menos griego, arameo y hebreo, quizá otros idiomas también, lo cual sorprendió al tribuno romano. Basado en la respuesta del tribuno a Pablo, es probable que asumiera que la situación en el templo era otro levantamiento judío. Josefo, un historiador judío del siglo I, escribió sobre este hombre egipcio y la revuelta en su libro *Las guerras de los judíos, Libro II*. Esta revuelta habría ocurrido solo unos años antes.

Aunque el tribuno no pudo obtener los hechos de la multitud, Pablo al menos podía aclarar quién era y de dónde venía. Le pidió al tribuno permiso para dirigirse a la multitud. Dado que el tribuno quería entender la situación, probablemente estuvo contento de permitir que Pablo hablara. Tal vez así, finalmente, descubriría qué había hecho mal Pablo. ¡Buena suerte con eso!

DÍA 3

HECHOS 22:1-29

LEE HECHOS 22:1-29

Repasa 22:1-11.

Pablo comenzó su discurso a la multitud, la cual acababa de golpearlo y esperaba matarlo, con palabras notables: "Hermanos y padres". Tal vez fue su tono o el hecho de que les habló en hebreo, pero se calmaron para escuchar su defensa.

1. Escribe lo que aprendemos sobre Pablo en 22:3.

Pablo estableció algunos puntos en común con la multitud. Era judío como ellos, educado en Jerusalén, y había sido celoso por Dios, tal como ellos lo eran. Pablo les recordó que incluso había perseguido el Camino. Su declaración en 22:5 implicaba que algunos entre la multitud (el sumo sacerdote y el consejo de ancianos) podrían recordarlo, a pesar de que habían pasado aproximadamente veinte años.

2. Escribe las dos preguntas que Pablo le hizo a Jesús en el camino a Damasco.

¿Notaste que Pablo se refirió a Jesús como Señor (Maestro) dos veces? A pesar de todo lo que Pablo desconocía en ese primer encuentro con Jesús, estableció un precedente para su vida: vivir en obediencia al Señor, en total sumisión al plan y propósito de Dios.

3. Completa los espacios en blanco de 22:10b.

> Y el Señor me dijo: "__________ y ________ a Damasco; y allí se te ______ todo lo que se ha __________ que ________".

Dios tenía planes para Pablo, lo hemos visto con claridad a lo largo de Hechos, pero no se los reveló todos de inmediato. De hecho, solo le indicó el primer paso; sin embargo, también le dio la seguridad de que tenía cosas designadas para que él hiciera.

Repasa 22:12-16.

Esta es la segunda vez que leemos sobre la conversión de Pablo, pero la primera en Hechos en la que lo vemos compartir públicamente su experiencia. Probablemente ya la había contado muchas veces antes, pero en este relato, Pablo agregó nueva información. Uno de los detalles más asombrosos que mencionó fue una referencia a la abundante generosidad de Dios al elegirlo para salvación. Piensa en la maldad de la vida de Pablo en el momento en que Dios lo salvó. Iba de camino a asesinar cristianos por su fe en Jesús. *Y, sin embargo,* ese fue el preciso momento en que Dios lo encontró en el camino y lo rescató. Esto sirve como un recordatorio alentador de que nuestra salvación no se basa en nuestra justicia, sino en la justicia de Cristo y el generoso plan del Padre.

★ 4. **Vuelve a leer 9:17-19.** Escribe cualquier detalle nuevo que encuentres en 22:12-16. ¿Crees que la audiencia judía de Pablo tuvo alguna influencia en lo que compartió o en cómo lo compartió?

Repasa 22:17-21.

Este evento en Jerusalén ocurrió poco después de la conversión de Pablo, pero Lucas no lo mencionó en 9:26-30. Pablo compartió que años atrás los judíos (algunos de los cuales podrían estar en la multitud actual) no aceptaron su testimonio. Él esperaba que esta vez las cosas fueran distintas, pero con una sola frase provocó otro alboroto: "Ve, porque te voy a enviar lejos, a los gentiles".

Repasa 22:22-29.

¿Qué hizo que los judíos se enfurecieran tanto cuando Pablo mencionó su llamado a los gentiles? A lo largo del Antiguo Testamento, Dios habló repetidamente sobre su deseo de que todas las naciones lo conocieran, incluidos los gentiles. Pero Israel falló una y otra vez en dar la bienvenida a los extranjeros, y con frecuencia rechazó a Dios en el proceso. Cuando Jesús habló en la sinagoga de Nazaret, mencionó el cuidado de Dios por los gentiles y destacó algunas historias del Antiguo Testamento. Desgraciadamente, la multitud reaccionó de la misma manera.

★ 5. **Lee Lucas 4:24-30 y escribe las similitudes entre la reacción de la multitud a Jesús y la reacción a Pablo.**

¿Te acuerdas del tribuno Claudio? Había estado esperando pacientemente mientras Pablo hablaba en un idioma que probablemente él no entendía. Cuando la multitud volvió a estallar en furia, Claudio decidió azotar a Pablo para obtener respuestas sobre esta situación caótica.

Pablo aprovechó el momento para mencionar, de modo casual, que era ciudadano romano. Esto significaba que lo que los oficiales estaban a punto de hacer era ilegal. Hasta ahora, todas las suposiciones del tribuno sobre Pablo habían sido erróneas, y esta podría haberle causado serios problemas. El simple contraste entre el tribuno romano (que compró su ciudadanía) y Pablo (que nació ciudadano) demuestra una vez más la soberanía de Dios. Dios tenía un plan para la vida de Pablo, ¡y algo tan aparentemente insignificante como su lugar de nacimiento fue una parte clave de ese plan!

DÍA 4

HECHOS 22:30-23:11

LEE HECHOS 22:30-23:11

Repasa 22:30-23:5

Una vez más, el tribuno intentó comprender lo que estaba sucediendo entre Pablo y los judíos. Claudio ordenó que se reunieran los principales sacerdotes y el concilio: un grupo de líderes religiosos judíos compuesto por fariseos, saduceos, y otros maestros de la ley. Estaba decidido a entender las acusaciones de los judíos. Toma nota del dilema de Claudio, ya que este tema continuará en el resto del libro. Pablo estaba bajo la autoridad romana, arrestado por el tribuno, pero este funcionario romano no sabía qué había hecho Pablo de malo.

1. Completa los espacios en blanco en la primera frase de Pablo (23:1).

"__________, ________ ________ ______ yo he vivido delante ____ _______ con una ____________ perfectamente limpia".

Pablo no era perfecto. A pesar de su estrecha relación con Jesús, Pablo seguía pecando, como todos lo hacemos mientras vivimos en esta tierra. Sin embargo, Pablo podía decir con confianza ante los líderes religiosos judíos que había vivido con una buena conciencia delante de Dios.

2. Basándote en el carácter de Pablo, sus decisiones y sus enseñanzas, ¿estás de acuerdo con su declaración? ¿Por qué sí o por qué no? Escribe referencias bíblicas específicas.

★ 3. ¿Es esto algo que puedes decir con confianza sobre tu propia vida delante de Dios? Si no, ¿qué necesita cambiar?

La afirmación de Pablo claramente no le cayó bien a Ananías, el sumo sacerdote. Ordenó que golpearan a Pablo en la boca. ¿Recuerdas que los judíos acusaban a Pablo de enseñar contra la ley? Una vez más, Lucas quería que viéramos que Pablo conocía y respetaba la ley. Los líderes religiosos eran los que estaban equivocados. Pablo llamó a Ananías "pared blanqueada". Esta frase aludía a una apariencia de limpieza para ocultar la verdadera corrupción interior. Es un eco de la respuesta de Jesús a los líderes religiosos que se le oponían (Mateo 23:27).

La fuerte respuesta de Pablo provocó una reprensión inmediata del concilio porque insultó al sumo sacerdote, lo cual iba en contra de la ley judía. Los estudiosos tienen diferentes opiniones sobre la reacción de Pablo en 23:5. Algunos encuentran difícil creer que Pablo no reconociera al sumo sacerdote, mientras que otros sugieren que su error se debió a problemas de visión. (Nota: Algunos estudiosos que creen que Pablo tenía problemas de vista proponen que esta era la "espina" en su carne de la que escribió en 2 Corintios. Esto podría explicar por qué escribió con letras grandes en su carta a los Gálatas, y tal vez la mala visión fue un efecto duradero de su ceguera en el camino de Damasco. Ver Hechos 9:1-19; 2 Corintios 12:7-10; Gálatas 4:15, 6:11-18). Al margen de la razón, Pablo respondió con humildad y reconoció su error.

Repasa 23:6-10.

4. Pablo era un maestro de las frases impactantes. ¿Qué dijo que causó un caos inmediato en la sala?

5. Marca la casilla de lo que creen los fariseos y los saduceos. **Usa una herramienta de estudio bíblico si la necesitas.**

Fariseos

[ ] Hay resurrección

[ ] Hay ángeles

[ ] Hay espíritus

[ ] Jesús resucitó

Saduceos

[ ] No hay resurrección

[ ] No hay ángeles

[ ] No hay espíritus

[ ] Pablo podría tener razón

Una vez más, la escena se convirtió en caos y confusión. No solo los judíos no tenían acusaciones válidas contra Pablo, sino que comenzaron a pelear entre ellos. Irónicamente, los fariseos parecieron cambiar de bando y salieron en defensa de Pablo en 23:9. La situación se tornó violenta rápidamente, y Pablo fue retirado de inmediato para evitar que lo "despedazaran".

Lo siento, Claudio. ¡Hoy no es el día en que resolverás esto!

6. **Repasa 23:11.** ¿Qué te llama la atención en este versículo?

A lo largo de la Escritura, Dios les dice repetidamente a su pueblo: "No temas", "no tengas miedo" y "ánimo". Es probable que Pablo experimentara una variedad de emociones mientras esperaba en la fortaleza. Tal vez el miedo y la incertidumbre lo abrumaban. No olvides que Pablo era humano, igual que nosotros.

Pero Dios estuvo con Pablo en la fortaleza. Le dijo cuál sería su siguiente paso: Pablo testificaría en Roma.

A pesar de todo lo que Pablo había enfrentado, el nivel de intensidad seguía aumentando. Necesitaría valentía para lo que le esperaba. Dios le recordó a Pablo que tenía un plan y que estaba cerca de él. Dios estuvo con Pablo en Jerusalén, y estaría con él hasta el final.

DÍA 5

HECHOS 23:12-35

LEE HECHOS 23:12-35

Repasa 23:12-22.

Dios le acababa de decir a Pablo que testificaría en Roma, pero parece que los judíos no recibieron el mensaje. Tramaron un plan para matarlo e incluso hicieron un juramento de abstenerse de comida y bebida hasta lograr su objetivo. Estos hombres estaban decididos a deshacerse de Pablo de una vez por todas. Afortunadamente para Pablo, los planes de Dios nunca son frustrados.

1. ¿Quién le contó a Pablo sobre este plan?

Esta es la primera vez que se menciona a la familia de Pablo. Vivían en Jerusalén, y quizá habían llegado a creer en Jesús por medio de la conversión y el testimonio de Pablo, aunque el texto no lo dice con certeza. El hecho de que su sobrino pudiera visitarlo en prisión indica que Claudio creía en la inocencia de Pablo. A pesar de todo lo que Claudio aún no sabía, había determinado que Pablo no era una amenaza para Roma.

2. Observa las acciones y detalles sobre cada una de estas personas en esta historia.

Sobrino de Pablo:

Pablo:

Centurión:

Tribuno:

3. ¿Qué observas sobre la respuesta de los oficiales romanos?

Pablo sabía que Dios tenía planes para él en Roma, por lo que podía estar seguro de que no moriría a manos de los judíos en Jerusalén. Aun así, usó sabiduría al comunicar la información a los romanos para garantizar su seguridad. Pablo era odiado por sus "hermanos y padres" (22:1). Querían verlo muerto. Y Roma, generalmente considerada enemiga de los judíos, terminó brindándole protección contra su propio pueblo.

Repasa 23:23-35.

4. Actualiza tu línea de tiempo (página 19) para registrar que en el año 58[†] d.C. Pablo fue llevado a Cesarea (y encarcelado allí).

5. Encierra en un círculo las personas que fueron enviadas para escoltar a Pablo hasta Cesarea.

Doscientos soldados	Doscientos lanceros
Setenta jinetes	Soldados romanos sin entrenamiento
Su sobrino	El sumo sacerdote

Dios utilizó a 470 hombres del ejército romano para garantizar la seguridad de Pablo en su viaje a Cesarea, que estaba a unos 96 kilómetros de distancia. Incluso le proporcionaron un caballo, burro o mula, lo que facilitaría una huida rápida en caso de un ataque.

Claudio Lisias, el nombre completo del tribuno, escribió una carta a Félix, el gobernador de Cesarea, informándole sobre la situación de Pablo. Aunque Claudio aprovechó la oportunidad para presumir de haber salvado a Pablo de los judíos, omitiendo el incidente en el que casi lo azotan (22:24), también hizo una declaración importante en 23:29.

★ 6. En tus propias palabras, escribe el veredicto de Claudio con respecto a Pablo.

Los soldados escoltaron a Pablo hasta Antípatris, aproximadamente a mitad de camino hacia Cesarea, asegurando su seguridad en la parte más peligrosa del viaje. Como no encontraron problemas en Antípatris, los setenta jinetes llevaron a Pablo el resto del trayecto.

Al llegar, Pablo fue presentado ante Félix, quien le preguntó sobre su lugar de origen. Esta era una pregunta estándar en los procesos legales romanos para determinar dónde debía llevarse a cabo el juicio. En lugar de enviarlo hasta Cilicia, Félix confirmó que el juicio se realizaría en Cesarea. Pablo esperó a sus acusadores en el pretorio de Herodes, que había sido el palacio de Herodes el Grande y que Roma había convertido en su sede regional.

★ 7. **Vuelve a leer 20:22-23 y lee 2 Corintios 4:16-18.** Escribe cualquier palabra o frase clave que tenga relación con la situación actual de Pablo.

Pablo probablemente escribió 2 Corintios en su tercer viaje misionero, antes de los eventos que acabamos de leer. Y él sabía, incluso antes de llegar a Jerusalén, que enfrentaría "prisiones y aflicciones". Había sufrido y seguiría sufriendo por causa de Jesús y del evangelio. Pero Pablo también vivía con la eternidad en mente, seguro de la esperanza que tenía en Jesucristo. Jesús se encontró con Pablo en el camino de Damasco, lo salvó y estuvo con él. No importaba lo que Pablo enfrentara, con Dios a su lado, él sabía esto con certeza: ¡En Él está el gozo!

8. ¿Qué fue lo que más captó tu atención en el estudio de esta semana? ¿Por qué?

9. ¿Qué aprendiste o volviste a aprender acerca de Dios y su carácter esta semana?

DÍA 6

SALMO CORRESPONDIENTE Y ORACIÓN

LEE SALMOS 23

1. ¿Qué correlación ves entre Salmos 23 y el estudio de esta semana?

2. ¿Qué partes de este salmo captan más tu atención?

3. Termina haciendo esta oración en voz alta:

Padre,

Tú reinas como Rey y nos guías como Pastor. Eres majestuoso sobre toda la tierra, y aun así, estás atento a cada una de nuestras necesidades. Ni los peores planes ni los ataques más duros de nuestros enemigos pueden cambiar tus planes. Nada ha detenido ni detendrá tus promesas.

Intento justificar mi lugar en tu reino dándome méritos por mis buenas obras. Me esfuerzo por ganarme un lugar en tu rebaño siendo lo suficientemente valiente o audaz. Perdóname. Recuérdame que mi salvación no se compra con mi propia justicia, sino que fue comprada con tu justicia. Recuérdame que me ofreces descanso.

Llevaste a David al descanso y a la restauración. Estuviste junto a Pablo y le recordaste que estabas con él. Sé que también estás conmigo y que me sostendrás. Debido a quien tú eres, tengo todo lo que necesito. Por tus promesas, no tengo nada que temer.

Muéstrame quién eres, Señor. Muéstrame lo que debo hacer, Señor.

Te rindo mi vida, Señor; en cada momento de mi día y en cada decisión que tomo, cedo mi voluntad y mi camino a tu perfecta voluntad y camino.

Yo también te amo. Amén.

DÍA 7

DESCANSA, PONTE AL DÍA O PROFUNDIZA

RETO SEMANAL

El Día 3, Pablo volvió a narrar dos preguntas que le hizo a Dios: "¿Quién eres, Señor" y "Señor, ¿qué quieres que yo haga?".

Esta semana, pasa al menos veinte minutos escribiendo lo que venga a tu mente al leer estas dos frases.

¿Quién eres, Señor?

Señor, ¿qué quieres que yo haga?

SEMANA 9

Hechos 24-26

Años aproximados: 58-60 d. C.

VERSÍCULO PARA MEMORIZAR

"Mientras aún hablaba Pedro estas palabras, el Espíritu Santo cayó sobre todos los que oían el discurso".
Hechos 10:44

LECTURA BÍBLICA DIARIA

Día 1: Hechos 24

Día 2: Hechos 25:1-12

Día 3: Hechos 25:13-27

Día 4: Hechos 26:1-11

Día 5: Hechos 26:12-32

Día 6: Salmos 3

Día 7: Para ponerte al día

Corresponde al Día 347 de *La sinopsis de la Biblia*

RETO SEMANAL

Ver la página 240 para más información.

DÍA 1

HECHOS 24

LEE HECHOS 24

Pablo esperaba en Cesarea a que sus acusadores, los líderes de los judíos, llegaran para su juicio. Básicamente se lo pasaban de unos a otros como si se tratara de una pieza de ajedrez político, de manos de un oficial romano a otro. Sin saber qué hacer con alguien que no había cometido delito alguno que fuera merecedor de la pena capital, los romanos permitieron esta pantomima de juicios, todo para apaciguar a los líderes judíos.

Repasa 24:1-9.

Nota: Es posible que tengas una Biblia que omita el 24:7. Algunos, pero no todos, de los primeros manuscritos excluyen este versículo; por lo tanto, algunas traducciones, pero no todas, también lo excluyen.

1. ¿Qué táctica usó Tértulo para ganarse el favor de Félix?

Aunque esto habría provocado un gesto colectivo de incredulidad en cualquier espectador, era una práctica común en los procedimientos judiciales romanos. El fiscal buscaba el favor del juez mediante la adulación antes de presentar sus argumentos. Lo que hace que los comentarios de Tértulo sean aún más dolorosos es lo completamente falsos que eran.

Félix era conocido como un hombre inmoral, brutal, violento, y completamente falto de sabiduría. La estrategia de Tértulo de ignorar la verdad se mantuvo como el tema central de su acusación.

2. Enumera las acusaciones de Tértulo contra Pablo. Junto a cada acusación, anota cualquier prueba que la respalde.

Acusación	Prueba

Nunca dejes que la verdad se interponga en una buena historia, ¿verdad? Tértulo sabía, al igual que el resto de los judíos, que Pablo no había hecho nada para merecer estar en ese juicio. De hecho, los judíos nunca quisieron que fuera juzgado; solo querían verlo muerto.

Repasa 24:10-13.

3. ¿Por qué crees que Pablo estaba tan tranquilo al defenderse ante Félix?

Durante su defensa, Pablo usó palabras como *comprobar* (24:11), *encontrar* (24:12) y *probar* (24:13), términos que Tértulo no podía igualar en un procedimiento judicial oficial. Con poco esfuerzo, Pablo logró señalar enormes fallos en el argumento de Tértulo.

Repasa 24:14-21.

Pablo bosquejó las cosas de las que *podía* ser considerado "culpable", explicando lo que significaba ser un seguidor de Jesús. Décadas después del inicio de este movimiento, Pablo todavía se refería a él como "el Camino". Quizá porque Jesús se había referido a sí mismo como el camino (Juan 14:6) o tal vez porque Pablo sabía que ser creyente, un verdadero discípulo de Cristo, es más que solo palabras. El verdadero arrepentimiento y el discipulado siempre resultan en un nuevo modo de vida.

4. Enumera las disciplinas espirituales que Pablo mencionó.

Observemos que el deseo de Pablo era vivir con una conciencia limpia tanto ante Dios como ante los hombres (24:16). Tértulo dijo que Pablo era una "plaga" para el pueblo. La buena reputación de Pablo era ciertamente valiosa para defenderse de tales acusaciones, pero para él, vivir con una conciencia limpia era simplemente parte de ser discípulo de Jesús.

★ 5. ¿Hay momentos en los que te resulta difícil vivir con una conciencia limpia ante los demás? ¿Por qué?

Pablo señala la verdadera razón por la que está en juicio en 24:21. Puede que lo acusaran de insurrección, pero lo que los judíos realmente tenían en su contra era su creencia en la resurrección de Jesús. Los romanos eran menos propensos a condenarlo a muerte por su creencia en la resurrección; eso era un problema judío, no romano. Si los judíos querían que Pablo fuera ejecutado legalmente, necesitaban algo que afectara el corazón del imperio.

Repasa 24:22-27.

A pesar de su reputación de mal liderazgo, incluso Félix vio cuán débil era el argumento de Tértulo y decidió posponer el juicio hasta que Lisias pudiera llegar a Cesarea.

6. ¿Qué amabilidad mostró Félix hacia Pablo mientras lo mantenía en custodia?

Pablo dependía completamente de sus amigos para que le llevaran provisiones, un privilegio que no siempre se otorgaba a los prisioneros romanos. Incluso en estas circunstancias, la mano de Dios estaba sobre Pablo, equipándolo con todo lo que necesitaba para servir como instrumento escogido por Dios.

7. Enumera los tres puntos del mensaje de Pablo a Félix y su esposa, Drusila. ¿Cómo respondió Félix a este mensaje?

★ 8. ¿Por qué crees que el mensaje de justicia, dominio propio y juicio fue difícil de escuchar para Félix?

Sin conocer la gracia salvadora de Jesús, este es un mensaje difícil para cualquiera. Sin Cristo, nuestra justicia es como trapos sucios (Isaías 64:6). Sin el Espíritu Santo, dependemos solo de nuestra propia fuerza para intentar vivir con dominio propio (Gálatas 5:22-23). Sin la misericordia de Dios, nunca podríamos triunfar sobre el juicio (Santiago 2:13). Por eso, toda la esperanza de Pablo estaba en la resurrección.

Las conversaciones de Félix con Pablo continuaron durante los últimos dos años de su mandato como gobernador. Pero, como los líderes romanos que lo precedieron, Félix buscó agradar a la multitud judía y dejó a Pablo en prisión.

DÍA 2

HECHOS 25:1-12

LEE HECHOS 25:1-12

Después del juicio de Pablo ante Félix, pasaron dos años antes de que un nuevo gobernador, Porcio Festo, asumiera el cargo en Cesarea. Con el fin de comprender el estado de la región, Festo visitó Jerusalén.

Repasa 25:1-5.

1. ¿Cuál fue el primer asunto que los judíos presentaron delante de Festo?

2. ¿Qué favor le pidieron a Festo? ¿Por qué?

Tómate un momento para considerar la situación: estos eran líderes religiosos, estrictos seguidores de la Torá, que estaban tan consumidos por el odio hacia Pablo que, aparentemente, habían pasado los últimos dos años planeando cómo engañar al gobierno, emboscar a Pablo, y cometer un asesinato. Este es el resultado cuando el celo por la religión se separa del celo por Cristo.

★ 3. ¿Qué crees que llevó a los judíos a tener un odio tan extremo hacia Pablo y todo lo que él representaba?

Festo comprendió cuál era su plan o no vio la necesidad de trasladar a Pablo, ya que él mismo pronto regresaría a Cesarea. El caso de Pablo debió haber sido un poco desconcertante para Festo. ¿Por qué Félix había dejado a Pablo esperando en el corredor de la muerte? No había sido sentenciado. No se había tomado una decisión sobre su libertad. Solo estaba en una especie de limbo en prisión.

Repasa 25:6-8.

Cuando Festo regresó a Cesarea, no perdió tiempo en abrir el caso contra Pablo. Esto fue una repetición de lo que Pablo ya había experimentado con Félix. Su defensa probablemente fue más extensa en el juicio real; la brevedad de Lucas aquí parece indicar que todo este asunto era, esencialmente, la misma historia en un día diferente.

4. Completa los espacios en blanco sobre las acusaciones contra Pablo en 25:7.

> "... presentando contra él muchas y graves acusaciones que ____ ______ ______".

Pero si nos preguntamos cómo Pablo pudo permanecer paciente y fiel bajo circunstancias tan frustrantes, no necesitamos mirar más allá de sus cartas para ver un panorama más amplio. La traducción al español de la palabra griega *tribunal* en 25:6 es *bēma*, que también puede traducirse como "silla de juicio".

5. **Busca Romanos 14:10 y 2 Corintios 5:10.** ¿Ante qué tribunal/bēma/ silla de juicio comparecerán todos los creyentes un día?

Esta es la razón por la que Pablo pudo permanecer firme al enfrentar amenazas de las élites religiosas, defenderse ante los gobernadores romanos y soportar ser apedreado, azotado por soldados, encarcelado, y acusado injustamente por líderes ignorantes: él sabía que debía permanecer fiel a un Juez mayor. Todos los tribunales terrenales palidecían en comparación con el trono de Dios, donde Pablo ahora adora como un hijo del Rey libre, sanado y perdonado.

★ 6. ¿Cómo te anima esto a mantenerte firme en un mundo con juicios cada vez más duros hacia los cristianos?

Repasa 25:9-12.

Festo, a pesar de la falta de evidencia contra Pablo, sucumbió a las mismas presiones que su predecesor.

7. **Compara 24:27 con 25:9.** ¿Qué frase (motivo) aparece en ambos versículos?

Aunque Roma no era una democracia, había una presión considerable para apaciguar a sus súbditos y evitar un levantamiento. Los líderes romanos eran la cabeza del imperio, pero en muchos casos, algunos judíos de la región actuaban como el cuello que movía la cabeza romana.

8. ¿Qué oferta le hizo Festo a Pablo?

Una vez más, vemos que Roma no sabía qué hacer con Pablo. Como líder cuyo objetivo principal era mantener la paz, Festo estaba atrapado entre una roca, que era la justicia real, y un lugar difícil, como la necesidad de apaciguar a los judíos. Solo quería deshacerse de Pablo por completo.

Pablo parecía ser el único dispuesto a adherirse a la letra de la ley. Notemos lo que dijo en 25:11. Si Pablo realmente fuera culpable de delitos civiles, él sabía que cumplir su sentencia sería lo correcto, incluso si eso significaba la pena de muerte. Solo había un problema: ¡era inocente!

Pablo no era ningún ingenuo. Sabía que aceptar la oferta de regresar a Jerusalén sería, esencialmente, firmar su propia sentencia de muerte. Por lo tanto, invocó un elemento del derecho romano llamado *provocatio*[1]; era su derecho como ciudadano romano apelar al César. En ese momento, el emperador romano era el infame Nerón, uno de los líderes más corruptos en la historia de Roma, pero aun así, una mejor opción para Pablo que Jerusalén.

DÍA 3

HECHOS 25:13-27

LEE HECHOS 25:13-27

Repasa 25:13.

Aunque no es identificado como Herodes, Lucas nos presentó a otro Herodes en su relato. Aquí conocemos a Herodes Agripa II. Su padre fue el Herodes que mandó matar a Jacobo en Hechos 12. A diferencia de su padre, no era un líder brutal y violento; sin embargo, su brújula moral no apuntaba exactamente al norte.

1. ¿Quién suponías que era Berenice?

Puede que te sorprenda saber que Berenice era la hermana del rey Agripa. Los historiadores no están de acuerdo sobre la naturaleza de su relación. Algunos dicen que era incestuosa, mientras que otros creen que simplemente eran compañeros.

Repasa 25:14-22.

Dos cosas que sí sabemos sobre Agripa son que era un rey romano y que era judío. De hecho, una de las responsabilidades que se le delegó fue nombrar al sumo sacerdote de Jerusalén.

2. Basado en su trasfondo, herencia y posición, ¿qué hace que Agripa sea una persona adecuada para escuchar el caso de Pablo?

3. Vuelve a escribir 25:18 con tus propias palabras a continuación.

Allá vamos otra vez. Si esta narración comienza a sentirse como un disco rayado, es probable que sea intencional. Como hemos visto antes, Lucas a veces usa la repetición para enfatizar un punto. Aunque podríamos ser tentados a tomar esta situación a la ligera, es importante recordar que Pablo no enfrentaba una acusación menor o insignificante. Esto no era una simple disputa por una multa de tráfico. Sin lugar a dudas, sus acusadores estaban buscando la pena de muerte. Nada menos.

★ 4. Basado en Hechos 25:19, ¿qué percibes sobre el nivel de familiaridad de Festo con Jesús?

Para este momento, los cristianos ya se habían dado a conocer. La frase "*no poca conmoción*" aparece más de una vez en Hechos porque estos seguidores de "cierto Jesús" habían causado bastante alboroto, incluso "trastornado el mundo entero" (17:6). Entonces, ¿por qué Festo parecía saber tan poco sobre Jesús? Esa pregunta puede ser la razón más importante por la que Pablo estaba siendo juzgado (pon un marcador en eso; volveremos a ello mañana).

Repasa 25:23.

5. ¿Qué viene a tu mente cuando imaginas a un rey entrando en una sala "con gran pompa"?

★ 6. Compara eso con cómo podría haber sido la entrada de Pablo.

El mundo en ese tiempo veía a hombres como Agripa como figuras de gran importancia. Era poderoso. Era rico. Dondequiera que iba, la gente le daba gran reconocimiento, *al igual que* a su hermana/amiga/etc. Luego estaba Pablo. La mayoría de las personas presentes probablemente lo veían como un don nadie o como una amenaza para la sociedad.

7. ¡Prueba de historia! Escribe algunos datos importantes que conozcas sobre el apóstol Pablo. Resiste la tentación de hacer una búsqueda en la web; simplemente escribe lo que sabes.

8. Ahora escribe algunos datos importantes que conozcas sobre Herodes Agripa II.

Agripa no es una figura muy conocida a nivel mundial o en la cultura popular, y no dejó un legado notable.

Pablo, en cambio, es posiblemente uno de los nombres más conocidos en el cristianismo. Escribió más del Nuevo Testamento que cualquier otro autor. Sus palabras han sido publicadas en más de 1500 idiomas. Viajó a través de continentes y culturas, guiando a un número incontable de almas a Cristo. Y la lista continúa.

Como Pablo lo expresó: "Recuerden, amados hermanos, que pocos de ustedes eran sabios a los ojos del mundo o poderosos o ricos cuando Dios los llamó. En cambio, Dios eligió lo que el mundo considera ridículo para avergonzar a los que se creen sabios. Y escogió cosas que no tienen poder para avergonzar a los poderosos" (1 Corintios 1:26-27).

Repasa 25:24-27.

9. ¿Por qué había reunido Festo a este grupo?

Honestamente, la situación era casi cómica en este punto. Cinco veces en el pasaje de hoy, Festo expresó que estaba completamente perdido sobre la razón por la cual Pablo estaba allí.

10. Encuentra los cinco versículos y anota sus referencias a continuación.

La escena de hoy terminó con Festo preparando a la audiencia de Pablo para lo que estaban a punto de escuchar. Muchos podrían haberse preguntado por qué estaban reunidos para este espectáculo. Basado en la introducción de Festo, esto parecía una completa pérdida de tiempo para todos. Pero como veremos en los próximos días, Pablo no desperdiciaba ninguna oportunidad para dar testimonio del Señor.

DÍA 4

HECHOS 26:1-11

LEE HECHOS 26:1-11

Comienza hoy con un repaso de 25:23.

1. Para visualizar lo que ocurrió, haz un dibujo de la escena en la sala de audiencia, incluyendo a cada persona y grupo que Lucas mencionó.

Repasa Hechos 26:1-5.

Pablo comenzó su defensa dirigiéndose directamente al rey Agripa.

2. ¿De qué se estaba defendiendo Pablo?

> "... Con respecto a todo aquello ____ _____ _____ _______ me acusan" (26:2).

Pablo estaba ante funcionarios romanos, en un tribunal civil, enfrentando presuntos delitos civiles. El tono de la introducción de Pablo parecía ser: *"Esto no se trata de que yo haya violado leyes civiles. Yo lo sé. Usted lo sabe. Ellos lo saben"*.

Recuerda que Agripa era tanto judío como funcionario romano. Él entendía las "costumbres y controversias entre los judíos" (26:3). Este fue un buen momento para que Pablo señalara que, como Agripa ya sabía, algunos de estos líderes judíos eran reactivos y propensos a la exageración; un claro ejemplo era el caso de Pablo.

Como hemos visto antes, Pablo comenzó compartiendo su linaje judío, un antecedente que sus acusadores parecían ignorar. Fue debido a su conocimiento de las Escrituras que tenía tanta confianza en que Jesús era el Mesías. Pablo había puesto todas sus esperanzas en Jesús como el prometido. Para sus acusadores judíos, ese era precisamente el problema.

Repasa 26:6-8.

3. Observa la repetición de este tema llenando los espacios en blanco.

"Y ahora soy sometido a juicio _____ _____ ___________ _____ _____ _________" (26:6).

"...que nuestras doce tribus _________ _________" (26:7).

"___ _____ ______ __________, oh rey, soy acusado por los judíos" (26:7).

4. ¿A qué "promesa" se refería en 26:6?

Pablo estaba siendo juzgado porque había encontrado esta esperanza. ¡La promesa se había cumplido! (Lucas 4:21). Durante generaciones, los judíos habían estudiado las Escrituras "al servir fielmente a Dios noche y día" (26:7) con la expectativa de la llegada del Rey, *y sin embargo*, sus corazones estaban oscurecidos ante la verdad de que Jesús era el cumplimiento de esa promesa.

5. ¿Qué pregunta hizo Pablo a su audiencia?

No debería haber sido sorprendente para los judíos que Dios resucitara a los muertos. Los acusadores de Pablo, tan bien instruidos en las Escrituras, deberían haber reconocido a Jesús como el Mesías en los claros signos que apuntaban a Él desde el Antiguo Testamento.

6. Compara las profecías del Antiguo Testamento con sus pasajes correspondientes del Nuevo Testamento a continuación, y anota cómo Jesús fue el cumplimiento de cada una.

Antiguo Testamento	Nuevo Testamento	Cumplimiento
Salmos 22:16	Lucas 24:39	
Isaías 53:12	Marcos 15:27	
Salmos 22:18	Mateo 27:35	

Pablo también testificó de esto en su presentación directa del evangelio en 1 Corintios 15.

7. Completa los espacios en blanco.

> "Porque yo les entregué en primer lugar lo mismo que recibí: que Cristo murió por nuestros pecados, _________ ___ _____ ___________; que fue sepultado y que resucitó al tercer día, _________ ___ _____ ___________" (1 Corintios 15:3-4).

Desde la caída de la humanidad, toda la creación había estado esperando la restauración que vino a través de la resurrección de Jesús. Para Pablo, era increíble que esto les resultara tan increíble a ellos.

★ 8. ¿Cómo pudieron hombres tan instruidos estar tan cegados a la verdad? ¿Cómo puedes protegerte contra esto en tu propia vida?

Repasa 26:9-11.

En cierto sentido, Pablo comprendía su forma de pensar. Hasta que sus ojos fueron abiertos, él había estado exactamente en la misma posición que sus acusadores.

★ 9. Haz una lista de las maneras en que Pablo actuó de modo similar contra los cristianos antes de su conversión.

Pablo no estaba enumerando sus credenciales farisaicas. Se puede casi escuchar tristeza y arrepentimiento en su voz. Jesús había advertido a sus discípulos acerca de hombres como Pablo: "Los expulsarán de las sinagogas; pero viene la hora cuando cualquiera que los mate pensará que así rinde un servicio a Dios" (Juan 16:2).

Sí, así era Pablo antes: un perseguidor feroz, violento y celoso de los santos. Pero eso era antes. Al describir humildemente su oscuro pasado, estaba preparando a sus oyentes para escuchar uno de los mayores giros de la trama en el Nuevo Testamento. A pesar de las acusaciones en su contra, él sabía que este era un encuentro divino.

DÍA 5

HECHOS 26:12-32

LEE HECHOS 26:12-32

Repasa 26:12-18.

Esta es la tercera vez que hemos leído la historia de conversión de Pablo. Lucas narró la primera en Hechos 9, y el mismo Pablo nos dio la segunda y la tercera mientras estaba ante los líderes judíos y los funcionarios romanos. Como en cada otro momento de sufrimiento, palizas o encarcelamiento en el libro de Hechos, Dios tenía un propósito.

Este fue el final del juicio de Pablo en Cesarea antes de ser enviado a Roma. Podríamos pensar que aprovecharía este momento para suplicar su caso ante el rey e intentar, en el último momento, ser liberado; sin embargo, en ningún momento de este discurso Pablo pidió perdón. En cambio, discernió la oportunidad espiritual que tenía delante y eligió hablar palabras de vida a los hombres y las mujeres que lo escuchaban.

1. Según las palabras de Jesús aquí, ¿cómo se recibe el perdón de los pecados y un lugar entre los que son santificados?

Pablo explicó a su audiencia una verdad a la que había estado cegado toda su vida, hasta que Jesús lo dejó ciego para ayudarlo a ver. Después de que vio la luz (literalmente), su único propósito en la vida fue abrir los ojos de otros para que entendieran que la salvación viene solo por la fe en Cristo.

★ 2. ¿Sientes a veces que hay algo más que debes hacer para recibir un lugar entre los santificados?

Repasa 26:19-32.

A pesar de su pasado, Dios usó a Pablo para llevar el evangelio a Damasco, a Jerusalén, y por toda la región de Judea. Y ahora, incluso como prisionero, tenía una audiencia cautivada entre un grupo de funcionarios romanos.

3. ¿Qué sostuvo a Pablo durante todas sus pruebas y sufrimientos?

★ 4. ¿Qué te dice esto sobre la bondad y la soberanía de Dios? ¿Cómo te anima esto en tus circunstancias actuales?

Cuando compartimos el evangelio, hay elementos fundamentales que nuestro mensaje siempre debe incluir: el arrepentimiento de pecados, el sufrimiento y la muerte de Cristo por nuestros pecados, y la resurrección de Jesús.

5. Enumera los dos versículos donde vemos este esquema del evangelio en el discurso de Pablo.

Mientras Pablo seguía hablando, Festo lo acusó de estar loco de manera despectiva. Estaba tan asombrado por el mensaje y el conocimiento de Pablo, que sabía que no podía debatir con él. Pero notemos quién no había dicho nada todavía: Agripa. Como hemos visto antes, el Espíritu Santo parecía darle a Pablo discernimiento en asuntos espirituales. Es posible que Pablo haya percibido un impacto en Agripa en ese momento, así que insistió más.

6. Cuando Pablo le preguntó a Agripa si creía, ¿cómo respondió Agripa?

A. "¡Sí! ¡Cuéntame más!".

B. "No, yo también creo que estás loco".

C. Evitó responder y contestó con otra pregunta.

En 26:29 Pablo reveló su esperanza para cada persona que lo escuchaba. Hasta este momento, Pablo había estado ante el sumo sacerdote Ananías, el gobernador Félix, el gobernador Festo, y el rey Agripa. Hemos discutido exhaustivamente las acusaciones en su contra, la falta de pruebas, y el juego político en el que Pablo parecía ser un peón... pero ¿lo era? Tal vez encontramos nuestra respuesta en el llamado profético que el Señor puso sobre la vida de Pablo en una calle llamada Derecha (9:11, 15).

7. Escribe 9:15 a continuación y rodea con un círculo los tres grupos a los que Jesús dijo que enviaría a Pablo.

La declaración de Agripa al final del capítulo podría hacernos pensar que Pablo había tomado una mala decisión al apelar a César Nerón. Pero su apelación llevó al cumplimiento de 23:11.

8. Llena el espacio en blanco en 23:11 a continuación.

> "Ten ánimo, porque como has testificado fielmente de mi causa en Jerusalén, así has de testificar también en ______".

Bajo la mano soberana de Dios, Pablo era el peón de los hombres, pero el instrumento escogido por Dios para este propósito. Hombres como Festo, que quizá nunca habían oído el nombre de Jesús, escucharon el evangelio de los labios de un prisionero renombrado. Aunque Pablo estaba encadenado, se encontraba más libre que cualquiera de sus acusadores y los invitó a unirse al Camino.

9. ¿Hay alguna circunstancia o relación en la que te sientas atrapado? ¿Sientes a veces que tu vida carece de propósito? ¿Qué ánimo puedes obtener de la historia de Pablo?

Recuerda que, como hijo de Dios, eres su instrumento escogido, parte de su plan soberano para alcanzar a los perdidos en el nombre de Jesús. Invita a aquellos que conoces a unirse al Camino. ¡Comparte con ellos que en Él está el gozo!

10. ¿Qué fue lo que más captó tu atención en el estudio de esta semana? ¿Por qué?

11. ¿Qué aprendiste o volviste a aprender sobre Dios y su carácter esta semana?

DÍA 6

SALMO CORRESPONDIENTE Y ORACIÓN

LEE SALMOS 3

1. ¿Qué correlación ves entre Salmos 3 y el estudio de esta semana?

2. ¿Qué partes de este salmo captan más tu atención?

3. Termina haciendo esta oración en voz alta:

Padre,

Tú estás por encima de todos en tu monte santo, y aun así me respondes. Cuando estoy en la oscuridad, tú levantas mi cabeza. Cuando estoy rodeado de enemigos, tú eres mi escudo. Duermo porque tú me das paz. Despierto porque tú me sostienes. No importa lo que venga, sé que me librarás. Como Pablo, tengo la ayuda que viene de ti.

Sin embargo, aunque sé que estoy en tus manos, he buscado consuelo en otros lugares. He intentado añadir algo a mi salvación, y he fallado. He hecho cosas buenas con motivos equivocados. Perdóname. Recuérdame una vez más que solo tú das salvación.

He buscado —y a veces he encontrado— la aprobación de otros, incluso cuando eso significaba ignorar tus mandamientos. He ganado favor ante sus ojos a costa de mi conciencia. Perdóname. Recuérdame que un día estaré delante de ti, y la aprobación del mundo no significará nada.

Te rindo mi vida Señor; en cada momento de mi día y en cada decisión que tome, cedo mi voluntad y mis caminos a tu perfecta voluntad y tus caminos.

Yo también te amo. Amén.

DÍA 7

DESCANSA, PONTE AL DÍA O PROFUNDIZA

RETO SEMANAL

A pesar de años de juicios y encarcelamiento, Pablo permaneció constante y firme en el propósito que Dios le había dado. Estaba seguro de su llamado y de la misión que Dios le había encomendado de llevar la luz a los gentiles. Conocía casi todos los días a personas que nunca habían oído el nombre de Jesús, lo que le recordaba aprovechar cada oportunidad para compartir el evangelio con valentía.

Usando la vida de Pablo como ejemplo, recuérdate a ti mismo cada día *tu* misión. Pídele a Dios que te dé su perspectiva del mundo que te rodea y de las circunstancias en las que Él te ha puesto. Esta semana, podrías tener la oportunidad de presentarte ante líderes y representar a Cristo. O podrías tener días normales, aparentemente monótonos. Pero, ¿dónde, en esa monotonía, te está comisionando Dios para su reino? Búscalo. Ora por ello. Actúa.

SEMANA 10

Hechos 27-28

Años aproximados: 60-62 d. C.

VERSÍCULO PARA MEMORIZAR

"Todos los creyentes que eran de la circuncisión, que habían venido con Pedro, se quedaron asombrados, porque el don del Espíritu Santo había sido derramado también sobre los gentiles".
Hechos 10:45

LECTURA BÍBLICA DIARIA

Día 1: Hechos 27:1-12

Día 2: Hechos 27:13-38

Día 3: Hechos 27:39-44

Día 4: Hechos 28:1-16

Día 5: Hechos 28:17-31

Día 6: Salmos 89

Día 7: Para ponerte al día

Corresponde al Día 348 de *La sinopsis de la Biblia*

RETO SEMANAL

Ver la página 261 para más información.

DÍA 1

HECHOS 27:1-12

LEE HECHOS 27:1-12

Con un nivel impresionante de detalle, Lucas narró su pesadilla de viaje por el Mediterráneo junto a Pablo. (Sí, Lucas todavía estaba con Pablo en su viaje a Roma. ¿Notaste su uso de *nosotros* en la lectura de hoy?).

1. Actualiza tu línea de tiempo (página 19) para registrar que en el año 60 comenzó el viaje de Pablo y Lucas a Roma.

Repasa 27:1-8.

Pablo y otros prisioneros fueron entregados a Julio, su nuevo centurión. Un centurión romano dirigía a cien soldados, y una cohorte solía estar compuesta por entre seis y diez centuriones y sus soldados. Durante los transportes de prisioneros, se asignaban centuriones para vigilar a ciertos prisioneros. El trabajo podía ser peligroso, pero estaba bien remunerado: aproximadamente cinco veces el salario de un soldado.[1]

★ 2. ¿Cómo trató Julio a Pablo? ¿Puedes pensar en otra experiencia similar que tuvo Pablo? ¿Qué revela esto sobre el corazón de Dios?

El viaje no comenzó tranquilo. La tripulación luchó contra los vientos navegando "al amparo de la isla" (27:4), es decir, cerca de la costa, hasta llegar a Mira. Allí cambiaron a un barco más grande, que probablemente transportaba grano.[2]

3. **Realiza una búsqueda en la web sobre un barco de carga romano del siglo I.** Escribe o dibuja lo que aprendas sobre él a continuación.

Aunque este barco era más grande y estaba mejor equipado que el primero, seguía siendo esencialmente un velero, a merced del viento y de las olas.

4. En el mapa a continuación, traza la ruta que el grupo planeaba tomar desde Mira hasta Roma. Luego, encuentra y rodea Buenos Puertos, una parada en su ruta real.

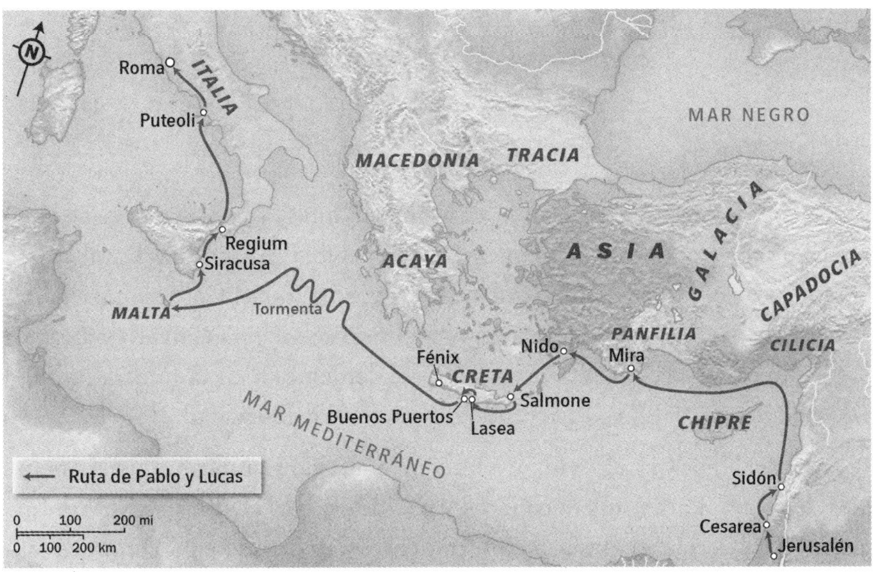

El barco se desvió del rumbo tan pronto como salieron de Mira. La ruta habitual hacia Roma los habría llevado al norte de Creta. Pero debido a los fuertes vientos, terminaron al sur de la isla.

Repasa 27:9-10.

Cuando la tripulación llegó al pequeño puerto de Buenos Puertos, el Ayuno ya había pasado.

5. **Usa un diccionario de griego para completar la siguiente tabla.**

	El Ayuno
¿Qué era?	
¿En qué día se observaba cada año?	
¿En qué época del año se realizaba?	

Es interesante notar que Lucas se refirió a este día como "el Ayuno" en lugar de "el día de Expiación".

6. **Lee Levítico 23:27-28.** ¿Qué sucedía en el día de Expiación?

En el Antiguo Testamento, una vez al año, el sumo sacerdote sacrificaba un macho cabrío para expiar los pecados del pueblo. Ese sacrificio anual ya no era necesario. Jesús, el Sumo Sacerdote supremo, fue el Cordero sacrificial una vez y para siempre. Pero, dado que Lucas menciona el día llamándolo "el Ayuno", parece que él y Pablo (y posiblemente otros creyentes judíos) querían honrar a Dios observando esa parte de la festividad.

El hecho de que el Ayuno ya hubiera ocurrido significaba que era finales de otoño. Para estos marineros y pasajeros, el viaje iba a ser *difícil*. En otoño e invierno, el clima mediterráneo es cambiante. Son comunes las tormentas repentinas acompañadas de aguas agitadas. Incluso cuando no hay tormenta, la cobertura de nubes suele ser total. Los marineros romanos utilizaban el cielo nocturno para navegar en sus viajes, por lo que si no podían ver las estrellas, no podían orientarse.

Incluso hoy en día, en barcos modernos equipados con herramientas de navegación de última generación, hay muchos menos cruceros que atraviesan el Mediterráneo en otoño e invierno en comparación con la primavera y el verano. Y, si reservas un crucero fuera de temporada, algunas compañías turísticas te advertirán con anticipación sobre el riesgo potencial de un clima impredecible y un paso incómodo por aguas abiertas.

Repasa 27:11-12.

Dado que era peligroso seguir navegando, Pablo advirtió a todos que debían quedarse donde estaban. En 27:11 vemos que el centurión escuchó a Pablo, pero, quizá porque aún no estaba seguro de qué pensar de su prisionero, prestó más atención al dueño del barco y al piloto (capitán). Ellos querían llegar a la ciudad portuaria más grande de Fenice y pasar el invierno allí.

★ 7. ¿Qué razones pudieron haber motivado al piloto y al dueño del barco a arriesgarse a viajar hasta Fenice? **Usa una herramienta de estudio para ayudarte.**

Aunque las palabras de Pablo a la tripulación quizá no fueron inspiradas divinamente, está claro que él comprendía los patrones climáticos del Mediterráneo y tenía sentido común. Sabía que este viaje era una mala idea. Pablo apeló a los líderes para que entraran en razón y abandonaran su insensatez. Pero, por desgracia para todos, ese barco ya había zarpado.

DÍA 2

HECHOS 27:13-38

LEE HECHOS 27:13-38

Repasa 27:13-14.

Cuando la tripulación zarpó nuevamente, un viento suave los llevó en la dirección correcta, y por un corto tiempo probablemente parecía que todo iba mejorando. Pero, de repente, como es común a finales de otoño en el Mediterráneo, un violento viento del noreste sopló con fuerza.

En la costa este de Canadá o en el norte de Estados Unidos, probablemente están familiarizados con las ráfagas salvajes e impredecibles de los vientos del noreste; estos son el mismo tipo de vientos. Hoy en día, en el Mediterráneo, estos vientos fríos se llaman *tramontana* y a menudo traen tormentas prolongadas. Existe una expresión italiana, *perdere la tramontana*, que esencialmente significa "perder el rumbo".[1] Y eso es exactamente lo que le sucedió al barco de Pablo y Lucas.

Repasa 27:15-19.

1. Completa la siguiente secuencia gráfica (también llamada *storyboard*) usando el relato de Lucas sobre los siguientes días.

Haz un dibujo						
Descripción	Tuvieron que asegurar el barco, probablemente atándolo con cuerdas.		Al segundo día, arrojaron la carga por la borda.			Después de días de tormenta y de haber perdido el rumbo, la mayoría había perdido la esperanza.
Referencia bíblica		27:17		27:19	27:20	

Repasa Hechos 27:21-26.

Aunque es seguro decir que nadie estaba teniendo un viaje placentero, uno de los pasajeros, más específicamente uno de los prisioneros, no había perdido la esperanza. Después de un momento de *se lo advertí*, Pablo habló a los pasajeros y a la tripulación, demostrando su sabiduría, estableciendo su autoridad y animándolos.

★ 2. **Vuelve a leer el discurso de Pablo en 27:21-26 y completa la siguiente tabla.** Puedes parafrasear o citar directamente el texto.

¿Qué partes del mensaje de Pablo...

demuestran su sabiduría?	establecen su autoridad?	animan a la tripulación y a los pasajeros?

Pablo estaba seguro del mensaje que Dios le había dado, y sabía que todos llegarían a salvo a tierra firme. Pero la llegada segura no fue inmediata, y el viento y las olas seguían rugiendo. Durante dos semanas, el barco estuvo a merced de una tormenta implacable, y los pasajeros no pudieron hacer nada más que esperar.

3. ¿Alguna vez has tenido que "esperar" durante un tiempo de sufrimiento? ¿Cómo afectó eso tu fe?

Repasa 27:27-32.

En la decimocuarta noche, la tormenta había llevado el barco hasta el mar Adriático, que en ese tiempo se extendía más al sur de lo que lo hace hoy. Los marineros pensaron que finalmente estaban cerca de tierra. Sus mediciones indicaron que estaban en lo correcto: el agua se volvía rápidamente más superficial. Cuando la profundidad del mar bajo el barco fue de quince brazas (alrededor de veintisiete metros), arrojaron cuatro anclas y oraron para que llegara el amanecer.

Sintiendo que una pequeña barca ofrecía mejor destino que su embarcación atada con cuerdas, algunos marineros intentaron, sin éxito, abandonar a los demás. Pablo les dijo a los centuriones que sus vidas dependían de que *todos* permanecieran a bordo, así que los soldados cortaron las cuerdas y la que hubiera sido su balsa salvavidas se alejó flotando.

Repasa 27:33-38.

★ 4. ¿Qué hizo Pablo después de tomar el pan y antes de comerlo? ¿Cómo respondieron las personas a bordo? ¿Qué nos enseña esto?

DÍA 3

HECHOS 27:39-44

LEE HECHOS 27:39-44

Repasa 27:39-41.

Después de que los pasajeros y la tripulación del barco oraron, llegó la luz del día, ¡y finalmente vieron tierra! Nadie reconoció la playa, pero decidieron encallar la nave en ella. Lanzaron las cuatro anclas al mar y navegaron hacia la playa.

1. ¿Qué sucedió después?

El barco chocó contra __________

La proa del barco __________

La popa del barco __________

Tal como Pablo les había advertido, el barco naufragó. Mañana leeremos que la playa a la que intentaban llegar estaba en una isla llamada Malta. En la costa noreste de Malta hay un área que ahora se llama Bahía de San Pablo. Los arqueólogos han descubierto allí ruinas de caminos y baños romanos del siglo I, lo que indica que probablemente era una ciudad portuaria importante en la época de este naufragio. Si visitas la Bahía de San Pablo hoy, verás una catedral ornamentada, creativamente llamada Iglesia del Naufragio de San Pablo, construida en el siglo XVI. Durante siglos, esta bahía de San Pablo fue el lugar aceptado de este naufragio.

Pero a principios de la década de 2000, un antiguo investigador de escenas de crimen de Los Ángeles visitó la Bahía de San Pablo y se dio cuenta de que la evidencia bíblica no coincidía con el lugar que estaba viendo.

2. **Usando el relato detallado de Lucas sobre la ubicación en 27:28-41, marca todos los detalles que deben ser ciertos sobre el lugar del naufragio.**

[ ] Hay una bahía con una playa visible desde el lugar.

[ ] Está en la costa noreste de Malta.

[ ] Hay un arrecife o banco de arena.

[ ] El mar tiene aproximadamente treinta metros de profundidad en el lugar.

[ ] Los marineros conocían el puerto porque ya habían parado allí antes.

[ ] Los marineros no reconocieron la zona.

Para el investigador, la Bahía de San Pablo no parecía coincidir con la descripción de Lucas, así que contrató a varios pescadores malteses para que lo llevaran a otras bahías de la isla. El área que él creía que coincidía mejor con la descripción de Lucas estaba en la esquina sureste de la isla, llamada Bahía de Santo Tomás. Un día, conoció a un pescador que le dijo que en la década de 1960 habían encontrado cuatro anclas antiguas en esa bahía, a una profundidad de aproximadamente treinta metros. Las anclas están en el Museo Marítimo de Malta y han sido confirmadas como anclas romanas del siglo I.[1]

No sabemos con certeza si estas anclas eran *las* anclas ni si esta bahía era *la* bahía, pero sabemos esto: cada palabra en la Biblia es verdadera; por lo tanto, si las cuatro anclas romanas en el Museo Marítimo no eran las de la nave de Pablo y Lucas, entonces había otras cuatro anclas. Y si la Bahía de San Tomás no era la bahía donde naufragó el barco, entonces el barco naufragó en otra bahía maltesa. Las anclas existieron. La bahía existió. Y el barco naufragó, tal como un ángel de Dios dijo que sucedería.

Repasa 27:42-44.

3. Responde las siguientes preguntas para situar la escena.

Pregunta	Respuesta	Referencia
¿Cuántas personas había en el barco?		Hechos 27:37
¿Cuánto duró la tormenta?		Hechos 27:27
¿Cómo se mantuvo el barco unido durante ese tiempo?		Hechos 27:17
¿Con qué frecuencia habían comido durante ese tiempo?		Hechos 27:33
¿En qué estado estaba el barco ahora?		Hechos 27:41
¿Cómo estaba el mar en la bahía?		Hechos 27:41

Decir que la escena era caótica es quedarse corto. Y como hemos mencionado antes, el castigo para un oficial romano si sus prisioneros escapaban era la muerte. Teniendo eso en cuenta, casi se puede entender por qué los soldados, en su pánico, planearon matar a los prisioneros antes de ponerse a salvo. (Re)aparece el centurión Julio.

★ 4. ¿Qué quería Julio? ¿Qué hizo Julio?

Tal como lo prometió, Dios llevó a salvo a cada persona en ese barco hasta la orilla.

5. ¿Qué te dice esto sobre quién es Dios?

DÍA 4

HECHOS 28:1-16

LEE HECHOS 28:1-16

Los barcos que navegaban de Mira a Roma a menudo hacían escala en la isla de Malta, aunque probablemente en otra ciudad. Dios no solo libró a los pasajeros de la tormenta, sino que los llevó a un lugar donde fueron tratados con amabilidad. Y hasta los puso de nuevo en rumbo. Sin embargo, las pruebas de Pablo aún no habían terminado; todavía vendrían muchas dificultades. La primera: una serpiente venenosa.

Repasa 28:1-4.

Cuando la víbora se quedó enganchada a la mano de Pablo, los habitantes de Malta pensaron que su diosa estaba asegurándose de que se hiciera justicia por los crímenes que él había cometido. Decidieron que Pablo debía ser un asesino. Y lo había sido. Pero mientras la gente creía que su diosa quería que él muriera por sus pecados, Pablo sabía que el único Dios verdadero había muerto en su lugar para expiar sus pecados.

Repasa 28:5-6.

1. Describe el cambio en la mentalidad de los habitantes de Malta en solo unos versículos.

- Pensaron que era un ______ (28:4).
- Pensaron que era un ______ (28:6).

2. ¿Qué revela esto acerca de la naturaleza humana?

Repasa 28:7-9.

Por sus síntomas, es probable que el padre de Publio tuviera una enfermedad causada por bacterias en la leche de cabra. Era común en ese tiempo en el Mediterráneo,[1] pero también podía ser mortal. Pablo sanó al hombre con el poder que Dios le había dado, y no pasó mucho tiempo antes de que el resto de los habitantes de Malta que estaban enfermos acudieran también en busca de sanidad.

Repasa 28:10-11.

3. ¿Qué sucedió después de que terminó el invierno?

A. Pablo los ayudó a construir una iglesia.

B. Los habitantes de Malta dieron a la tripulación y a los pasajeros todo lo que necesitaban para el resto de su viaje.

C. Los habitantes de Malta invitaron a Pablo a quedarse por más tiempo.

D. Todos reconstruyeron el barco juntos.

Los habitantes de Malta fueron generosos con las necesidades físicas, pero Dios fue aún más generoso con ellos con algo aún mayor. La historia de la iglesia nos dice que a Pablo se le atribuye haber llevado el cristianismo a Malta. La iglesia que se plantó allí creció exponencialmente a lo largo de generaciones. Hoy, Malta tiene uno de los porcentajes más altos de cristianos practicantes en el mundo: aproximadamente el 98 por ciento de la población. A pesar de todo lo que Pablo y Lucas habían pasado, Dios los llevó a salvo a la isla, donde mostró su bondad no solo a los pasajeros del barco, sino también a los habitantes de Malta.

Repasa 28:12-16.

Después de algunas paradas, Pablo finalmente llegó a Roma, tal como Dios había dicho que lo haría.

4. Actualiza tu línea de tiempo (página 19) para registrar que Pablo llegó a Roma en el año 61.

5. Según 28:13-15, ¿de dónde venían los hermanos que encontraron en el camino? ¿Qué nos dice eso sobre la expansión de la iglesia primitiva? ¿Cómo impactó eso a Pablo?

Antes de llegar a Roma, Pablo ya había enviado una carta a los cristianos romanos. En esa carta, escribió: "Y sabemos que para los que aman a Dios, todas las cosas cooperan para bien, esto es, para los que son llamados conforme a su propósito" (Romanos 8:28)

¿Te imaginas la alegría y el ánimo que debió sentir Pablo cuando se reunió con sus colaboradores en el evangelio? Aunque había llegado a Roma como prisionero, Pablo confiaba en la soberanía y en la bondad de Dios.

★ 6. ¿Cuáles son algunas de las maneras en las que Dios hizo que todas las cosas cooperaran para bien en la vida de Pablo?

★ 7. ¿Cuáles son algunas de las maneras en las que Dios ha hecho que todas las cosas cooperen para bien en tu vida?

DÍA 5

HECHOS 28:17-31

LEE HECHOS 28:17-31

En Roma, Pablo era un prisionero en espera de juicio, pero con notables libertades. Se le permitió elegir su alojamiento y recibió a muchos visitantes. Los primeros invitados a quienes Pablo mandó llamar no fueron una elección sorprendente, considerando su método en cada ciudad que visitaba.

Repasa Hechos 28:17-24.

1. Completa la siguiente tabla para repasar lo que sucedió después.

Pregunta	Respuesta	Referencia
¿Quién visitó a Pablo primero?		28:17
¿Por qué fue Pablo enviado a Roma?		28:17-19
¿Por qué estaba realmente Pablo en cautiverio?		28:20
¿Qué sabían los líderes acerca de él?		28:21
¿Qué sabían los líderes sobre "esta secta" (el Camino)?		28:22
Cuando regreso el grupo más grande de líderes, ¿qué les dijo Pablo?		28:23

Pregunta	Respuesta	Referencia
¿Cuánto tiempo les testificó Pablo?		28:23
¿Cuál fue el resultado del mensaje de Pablo?		28:24

Repasa 28:25-28. (O también 28:25-29 si tu Biblia lo incluye. Al igual que 24:7, algunos manuscritos antiguos excluyen 28:29, por lo que algunas traducciones modernas también lo omiten).

2. Completa la profecía que Pablo citó en 28:27.

"Porque el ________ de este pueblo se ha vuelto ___________,
y con ___________ ______ con sus _______; y sus ______ han
_________".

En la cultura judía antigua, el "corazón" no solo era el centro del afecto, sino también el centro del pensamiento. Pablo estaba diciendo que los líderes incrédulos no solo habían cerrado sus corazones al amor, sino también sus mentes a la verdad. Pero Pablo señaló que la profecía de Isaías significaba que estos líderes incrédulos habían sido parte del plan de Dios desde el principio: ¡la salvación también era para los gentiles!

Repasa 28:30-31.

3. Actualiza tu línea de tiempo (página 19) para registrar la actualización final sobre el crecimiento de la iglesia que se menciona en 28:31.

En la actualización final sobre el crecimiento de la iglesia en Hechos, aprendemos que Pablo recibió a todos los que lo visitaban, "predicando el reino de Dios y enseñando todo lo concerniente al Señor Jesucristo con toda libertad, sin estorbo" (28:31).

Además de enseñar, Pablo escribió cartas durante su tiempo en Roma. Es probable que las cartas que envió a las iglesias de Éfeso, Colosas y Filipos fueran escritas durante este periodo. Lucas no registró todo lo que Pablo enseñó a sus visitantes, pero gracias a sus cartas tenemos una idea de lo que estaba en su corazón en ese momento.

★ 4. Busca los siguientes pasajes y escribe algunas notas sobre lo que Pablo compartió con los cristianos en cada uno de estos lugares.

Efesios 2:1-9	Filipenses 1:19-26	Colosenses 3:1-17

★ 5. Ahora, escribe con tus propias palabras cómo crees que Pablo "predicó el reino de Dios y enseñó todo lo concerniente al Señor Jesucristo" a sus visitantes.

Después de que Pablo comenzó a seguir a Jesús, fue atacado por multitudes, expulsado de ciudades, apedreado, dado por muerto, encarcelado, expulsado de otra ciudad, arrestado, juzgado, nuevamente encarcelado, naufragó, fue mordido por una víbora, rechazado, y puesto bajo arresto domiciliario. Y aún quedaba más por llegar para Pablo.

La historia de la iglesia y algunas pistas en la Escritura indican que probablemente Pablo fue liberado después de dos años en Roma, momento en el cual emprendió otro viaje misionero. Más tarde, fue encarcelado nuevamente en Roma (esta vez, en condiciones mucho más duras). Fue abandonado por muchos de sus amigos y, finalmente, fue martirizado.

Aun así, en medio de todo, Pablo escribió: "Pero todo lo que para mí era ganancia, lo he estimado como pérdida por amor de Cristo. Y aún más, yo estimo como pérdida todas las cosas en vista del incomparable valor de conocer a Cristo Jesús, mi Señor. Por Él lo he perdido todo, y lo considero como basura a fin de ganar a Cristo, y ser hallado en Él" (Filipenses 3:7-9).

A pesar de todo lo que soportó, Pablo, así como tantos otros a lo largo de la historia de la iglesia, nunca perdieron de vista la incomparable belleza de Cristo. En su carta a los Efesios, Pablo animó a los esposos a amar a sus esposas, así como Jesús "amó a la iglesia y se dio Él mismo por ella" (Efesios

5:25). Como parte de la iglesia global, somos la novia, esperando el regreso de nuestro Novio. Al final de los tiempos habrá una ceremonia de bodas, y todas las cosas serán hechas nuevas (Apocalipsis 21:1-5).

Nada se compara con Jesús. Él es el Salvador que murió para que podamos vivir. Él es Dios, quien venció la tumba. Él es quien derramó su Espíritu sobre los creyentes. Él es el Novio de la iglesia. ¡Y en Él está el gozo!

6. ¿Qué fue lo que más captó tu atención del estudio de esta semana? ¿Por qué?

7. ¿Qué aprendiste o volviste a aprender sobre Dios y su carácter esta semana?

DÍA 6

SALMO CORRESPONDIENTE Y ORACIÓN

LEE SALMOS 89

1. ¿Qué correlación ves entre Salmos 89 y el estudio de esta semana?

2. ¿Qué partes de este salmo captan más tu atención?

3. Termina haciendo esta oración en voz alta:

Padre,

¡Que todo en los cielos y en la tierra te alabe! Cantemos de tu amor inquebrantable y proclamemos tu fidelidad a todas las generaciones. Tu iglesia escucha el llamado a la adoración, y somos bendecidos al cantar de tu justicia.

Tú gobiernas el mar embravecido y calmas las olas que se levantan, pero yo me siento sacudido por las ondas en aguas tranquilas. Tú aplastas a tus enemigos con tu mano poderosa, pero yo me acobardo ante el rechazo, incluso ante un simple desaire. Tú das a tu pueblo un lugar exaltado, por encima de todo lo que has creado. Pero he dudado de tu bondad, de tu cuidado por mí y de tus promesas.

Recuérdame quién eres y quién soy yo. Enséñame a cantar la canción de tu amor inquebrantable todos los días de mi vida.

Rindo mi vida a ti, Señor; en cada momento de mi día y en cada decisión que tome, cedo mi voluntad y mis caminos a tu perfecta voluntad y camino.

Yo también te amo. Amén.

DÍA 7

DESCANSA, PONTE AL DÍA O PROFUNDIZA

RETO SEMANAL

La iglesia primitiva se caracterizaba por su unidad, teniendo "todas las cosas en común" (Hechos 2:44). A lo largo de Hechos, mientras el evangelio se extendía y la iglesia crecía, incluía a personas que aparentemente no tenían nada en común. Eran de diferentes regiones, hablaban distintos idiomas, provenían de diversas culturas, y tenían distintos niveles de educación y riqueza. Algunos eran hombres; algunos eran mujeres. Algunos eran judíos; algunos eran gentiles. El factor unificador era Cristo.

Visita una iglesia que predique fielmente el evangelio de Jesús y que tenga tradiciones diferentes a las de tu iglesia. Ora por un espíritu de unidad mientras asistes y busca las cosas que tienes en común con esos hermanos y hermanas. Como desafío adicional, después de tu visita escribe una carta al pastor o a los ministros animándolos en su labor de edificación de la iglesia de Dios.

PARA LÍDERES DE GRUPO

¡Gracias por usar este estudio y por liderar a otros a través de él también! Cada semana tiene una amplia variedad de contenido (contenido y preguntas, lectura bíblica diaria, memorización de versículos, reto semanal y recursos) para ayudar al lector a desarrollar un abanico de disciplinas espirituales. Siéntete libre de incluir tanto o tan poco de eso en tus reuniones como quieras. Los detalles proporcionados en "Cómo usar este estudio" (págs. 11-13) serán útiles para ti y para todos los miembros de tu grupo, así que asegúrate de revisar esa información juntos.

Depende de ti y de tu grupo cómo les gustaría estructurar sus reuniones, pero sugerimos incluir tiempo para dialogar sobre el estudio y el texto bíblico de la semana, el aliento mutuo y la oración. Además, tal vez quieras practicar juntos los versículos de memorización de la Escritura como grupo o en parejas. A medida que compartas con los demás, "consideremos cómo estimularnos unos a otros al amor y a las buenas obras" (Hebreos 10:24) y "confórtense los unos a los otros, y edifíquense el uno al otro," (1 Tesalonicenses 5:11).

A continuación hay algunas preguntas de ejemplo para ayudar a facilitar la discusión. Está estructurado como un estudio semanal, pero si tu grupo se reúne con una frecuencia diferente, tal vez quieras ajustar las preguntas en consecuencia. Cubre tantas preguntas como el tiempo lo permita, o siéntete libre de crear las tuyas propias. Y no olvides repasar los recursos adicionales que hemos vinculado para ti en MyDGroup.org/Resources/Acts. Recuerda que los tenemos en idioma inglés

MUESTRA DE PREGUNTAS DE DISCUSIÓN

¿Qué preguntas te surgieron con el estudio o el texto bíblico de esta semana?

¿Qué te llamó la atención en el estudio de esta semana?

¿Qué notaste acerca de Dios y su carácter?

¿Cómo te desafió tu estudio del texto bíblico? ¿Hay algo que quieras cambiar a la luz de lo que aprendiste?

¿Cómo afecta lo que aprendiste sobre Dios tu manera de vivir en comunidad?

¿Qué correlación viste entre el salmo del Día 6 y el estudio de esta semana sobre Hechos?

¿Has sentido que Dios está obrando en ti a través del reto semanal? Si es así, ¿cómo?

¿Está aumentando tu amor por la Palabra de Dios a medida que avanzamos en este estudio? Si es así, ¿cómo?

¿Algo de lo que aprendiste aumentó tu gozo de conocer a Jesús?

RECONOCIMIENTOS

Olivia Le, ¡quien nos prepara para el éxito en todas nuestras cumbres de escritura!

Bonnie Hartwig, quien asumió el papel de mamá de la casa y demostró, una vez más, que no hace nada a medias. ¡Las señales! ¡La organización! ¡Qué regalo!

Laura Buchelt, quien nos guio a través de este estudio y pulió todas nuestras asperezas.

Emily Pickell, que es constante e imperturbable, siempre aportando profundas perspectivas y sabiduría.

Liz Suggs, que se adapta, como la profesional que es, a todas nuestras necesidades de escritura tan matizadas.

Abbey Dane, que no sabía que estaba haciendo una prueba para un trabajo de tiempo completo, ¡pero pasó la prueba con honores!

Kirsten McCloskey, cuyo enfoque en los detalles teológicos es una bendición para cada lector.

Lisa Jackson, nuestra guía en el bosque y amiga, trayendo belleza, valentía, luz y verdad en cada paso nuevo y desafiante.

Rich Jackson, el héroe no reconocido de todas nuestras cumbres de escritura. Sin ti, seguramente a todos nos habrían devorado los osos.

Jeff Braun, Hannah Ahlfield y Stephanie Smith, que de alguna manera logran no solo mantenernos en ritmo, sino también hacernos sonreír (y ayudarnos a ser lo más precisos posible) en el proceso.

NOTAS

SEMANA 4: DÍA 5

1. John Foxe, *El libro de los mártires de Foxe* (Filadelfia: Charles Foster Publishing Co., 1895), p. 27.

SEMANA 7: DÍA 1

1. David Guzik, "Hechos 18 – Pablo en Corinto; el final del segundo viaje misionero y el comienzo del tercero", 2018, https://enduringword.com/bible-commentary/acts-18/.
2. David Guzik, "Guía de estudio de Hechos 18 por David Guzik", Blue Letter Bible, última modificación en junio de 2022, https://www.blueletterbible.org/comm/guzik_david/study-guide/acts/acts-18.cfm.

SEMANA 7: DÍA 2

1. David Guzik, "Guía de estudio de Hechos 19 por David Guzik", Blue Letter Bible, última modificación en junio de 2022, https://www.blueletterbible.org/comm/guzik_david/study-guide/acts/acts-19.cfm.

SEMANA 7: DÍA 4

1. David Guzik, "Guía de estudio de Hechos 20 por David Guzik", Blue Letter Bible, última modificación en junio de 2022, https://www.blueletterbible.org/comm/guzik_david/study-guide/acts/acts-20.cfm.

SEMANA 9: DÍA 2

1. A. N. Sherwin-White, *Roman Society and Roman Law in the New Testament: The Sarum Lectures 1960–1961* (Eugene, OR: Wipf & Stock Publishers, 1963), pp. 58-59.

SEMANA 10: DÍA 1

1. *ESV Women's Study Bible* (Crossway, 2020), 1775n10:1.
2. *ESV Women's Study Bible* (Crossway, 2020), 1813n27:6.

SEMANA 10: DÍA 2

1. Cambridge Dictionary, "tramontana", consultado en línea el 27 de septiembre de 2024, https://dictionary.cambridge.org/dictionary/italian-english/tramontana.

SEMANA 10: DÍA 3

1. Chuck Holton, "Buscando el naufragio de Pablo en Malta", CBN, 30 de enero de 2015, https://www2.cbn.com/news/world/searching-pauls-shipwreck-malta.

SEMANA 10: DÍA 4

1. Tremper Longman III y David E. Garland, eds., *The Expositor's Bible Commentary: Luke–Acts, Vol. 10*, ed. rev. (Grand Rapids, MI: Zondervan, 2007), p. 1091.

ACERCA DE LA EDITORA

TARA-LEIGH COBBLE

El celo de Tara-Leigh por la alfabetización bíblica le condujo a crear una red de estudios bíblicos llamada D-Group (Grupo de Discipulado). Cada semana, cientos de grupos D-Group de hombres y mujeres se reúnen en hogares, en iglesias y en línea para el estudio de la Biblia y para rendirse cuentas.

También escribe y presenta un podcast diario llamado *La sinopsis de la Biblia*, diseñado para ayudar a los oyentes a leer y comprender la Biblia en un año. El podcast ha acumulado más de trescientos millones de descargas en sus primeros cinco años, y más de veinte mil iglesias en todo el mundo se han unido a su plan de lectura para conocer a Dios y amarlo mejor.

Tara-Leigh es una autora éxito de ventas en la lista del *Wall Street Journal*, habla ante una amplia variedad de audiencias, y lidera regularmente viajes de enseñanza a Israel porque le encanta ver a otros maravillarse con la historia de la Escritura a través de la experiencia de primera mano.

Entre sus cosas favoritas están el agua con gas y los días de 22 grados con un 55 por ciento de humedad, y piensa que cada comida sabe mejor cuando se come al aire libre. Vive en una caja de cemento en los cielos de Dallas, Texas, donde no tiene mascotas, hijos, ni nada que podría morir si se le olvida alimentarlo.

Para más información sobre Tara-Leigh y sus ministerios, puedes visitarla en el internet.

Sitios web:
taraleighcobble.com | thebiblerecap.com | mydgroup.org | israelux.com

Redes sociales:
@taraleighcobble | @thebiblerecap | @mydgroup | @israeluxtours